〔復刻版〕

歴史 皇國篇

〔歴史　皇国篇〕

中等學校教科書株式會社

ハート出版

［復刻版］歴史　皇国篇

神勅《しんちょく》

豊葦原《とよあしはら》の千五百秋《ちいほあき》の瑞穂《みずほ》の国《くに》は、是《こ》れ吾《あ》が子孫《うみのこ》の王《きみ》たるべき地《くに》なり。宜《よろ》しく爾皇孫《いましすめみま》就《ゆ》きて治《しら》せ。行矣《さきくませ》。宝祚《あまつひつぎ》の隆《さか》えまさんこと、当《まさ》に天壌《あめつち》と窮《きわま》りなかるべし。

【現代語訳】

日本は、我が子孫が王として治めるべき国です。我が孫よ、あなたが行って治めなさい。さあ、お行きなさい。皇室は、天地とともに限りなく栄えることでしょう。

御歴代表

御代数	天皇
一	神《じん》武《む》天皇
二	綏《すい》靖《ぜい》天皇
三	安《あん》寧《ねい》天皇
四	懿《い》徳《とく》天皇
五	孝《こう》昭《しょう》天皇
六	孝《こう》安《あん》天皇
七	孝《こう》霊《れい》天皇
八	孝《こう》元《げん》天皇
九	開《かい》化《か》天皇
十	崇《す》神《じん》天皇
一一	垂《すい》仁《にん》天皇
一二	景《けい》行《こう》天皇
一三	成《せい》務《む》天皇
一四	仲《ちゅう》哀《あい》天皇
一五	応《おう》神《じん》天皇
一六	仁《にん》徳《とく》天皇
一七	履《り》中《ちゅう》天皇
一八	反《はん》正《ぜい》天皇
十九	允《いん》恭《ぎょう》天皇
二〇	安《あん》康《こう》天皇
二一	雄《ゆう》略《りゃく》天皇
二二	清《せい》寧《ねい》天皇
二三	顕《けん》宗《ぞう》天皇
二四	仁《にん》賢《けん》天皇
二五	武《ぶ》烈《れつ》天皇
二六	継《けい》体《たい》天皇
二七	安《あん》閑《かん》天皇
二八	宣《せん》化《か》天皇
二九	欽《きん》明《めい》天皇
三〇	敏《び》達《だつ》天皇
三一	用《よう》明《めい》天皇
三二	崇《す》峻《しゅん》天皇
三三	推《すい》古《こ》天皇
三四	舒《じょ》明《めい》天皇
三五	皇《こう》極《ぎょく》天皇
三六	孝《こう》徳《とく》天皇
三七	斉《さい》明《めい》天皇
三八	天《てん》智《じ》天皇
三九	弘《こう》文《ぶん》天皇
四〇	天《てん》武《む》天皇
四一	持《じ》統《とう》天皇
四二	文《もん》武《む》天皇
四三	元《げん》明《めい》天皇
四四	元《げん》正《しょう》天皇
四五	聖《しょう》武《む》天皇
四六	孝《こう》謙《けん》天皇
四七	淳《じゅん》仁《にん》天皇
四八	称《しょう》徳《とく》天皇
四九	光《こう》仁《にん》天皇
五〇	桓《かん》武《む》天皇
五一	平《へい》城《ぜい》天皇
五二	嵯《さ》峨《が》天皇
五三	淳《じゅん》和《な》天皇
五四	仁《にん》明《みょう》天皇
五五	文《もん》徳《とく》天皇
五六	清《せい》和《わ》天皇

五七	陽《よう》成《ぜい》天皇
五八	光《こう》孝《こう》天皇
五九	宇《う》多《だ》天皇
六〇	醍《だい》醐《ご》天皇
六一	朱《す》雀《ざく》天皇
六二	村《むら》上《かみ》天皇
六三	冷《れい》泉《ぜい》天皇
六四	円《えん》融《ゆう》天皇
六五	花《か》山《ざん》天皇
六六	一《いち》條《じょう》天皇
六七	三《さん》條《じょう》天皇
六八	後《ご》一《いち》條《じょう》天皇
六九	後《ご》朱《す》雀《ざく》天皇
七〇	後《ご》冷《れい》泉《ぜい》天皇
七一	後《ご》三《さん》條《じょう》天皇
七二	白《しら》河《かわ》天皇
七三	堀《ほり》河《かわ》天皇
七四	鳥《と》羽《ば》天皇
七五	崇《す》徳《とく》天皇
七六	近《この》衛《え》天皇
七七	後《ご》白《しら》河《かわ》天皇
七八	二《に》條《じょう》天皇
七九	六《ろく》條《じょう》天皇
八〇	高《たか》倉《くら》天皇
八一	安《あん》徳《とく》天皇
八二	後《ご》鳥《と》羽《ば》天皇
八三	土《つち》御《み》門《かど》天皇
八四	順《じゅん》徳《とく》天皇
八五	仲《ちゅう》恭《きょう》天皇
八六	後《ご》堀《ほり》河《かわ》天皇
八七	四《し》條《じょう》天皇
八八	後《ご》嵯《さ》峨《が》天皇
八九	後《ご》深《ふか》草《くさ》天皇
九〇	亀《かめ》山《やま》天皇
九一	後《ご》宇《う》多《だ》天皇
九二	伏《ふし》見《み》天皇
九三	後《ご》伏《ふし》見《み》天皇
九四	後《ご》二《に》條《じょう》天皇
九五	花《はな》園《ぞの》天皇
九六	後《ご》醍《だい》醐《ご》天皇
九七	後《ご》村《むら》上《かみ》天皇
九八	長《ちょう》慶《けい》天皇
九九	後《ご》亀《かめ》山《やま》天皇
一〇〇	後《ご》小《こ》松《まつ》天皇
一〇一	称《しょう》光《こう》天皇
一〇二	後《ご》花《はな》園《ぞの》天皇
一〇三	後《ご》土《つち》御《み》門《かど》天皇
一〇四	後《ご》柏《かしわ》原《ばら》天皇
一〇五	後《ご》奈《な》良《ら》天皇
一〇六	正《おお》親《ぎ》町《まち》天皇
一〇七	後《ご》陽《よう》成《ぜい》天皇
一〇八	後《ご》水尾《みずのお》天皇
一〇九	明《めい》正《しょう》天皇
一一〇	後《ご》光明《こうみょう》天皇
一一一	後《ご》西《さい》天皇
一一二	霊《れい》元《げん》天皇
一一三	東《ひがし》山《やま》天皇
一一四	中《なか》御《み》門《かど》天皇
一一五	桜《さくら》町《まち》天皇
一一六	桃《もも》園《ぞの》天皇
一一七	後《ご》桜町《さくらまち》天皇
一一八	後《ご》桃《もも》園《ぞの》天皇
一一九	光《こう》格《かく》天皇
一二〇	仁《にん》孝《こう》天皇
一二一	孝《こう》明《めい》天皇
一二二	明《めい》治《じ》天皇
一二三	大《たい》正《しょう》天皇
一二四	今《きん》上《じょう》天皇

目録

目録

凡例

一、本書は、中等学校教科書株式会社著『歴史 皇国篇』（昭和二〇年〔見本〕発行）を底本としました。
二、原則として、旧字は新字に、旧仮名づかいを新仮名づかいに改めました。
三、原則として、漢字カタカナ交じり文は漢字ひらがな交じり文に改めました。
四、底本のふりがなを整理し、新たにふりがなを追加しました。
五、外来語は、今日一般的なものに変更しました。
六、明らかな誤植は訂正しました。
七、〔 〕内の漢数字は皇紀を示しています。
八、日清、日露の兵力比較の数値は、熊本偕行社刊『常識問答集』（昭和十一年）を基に修正しました。
九、巻末に、「用語説明」と、宇山卓栄氏による「解説」を追加しました。

〔編集部より〕
当社で復刊を希望される書籍がございましたら、本書新刊に挟み込まれているハガキ等で編集部まで情報をお寄せください。今後の出版企画として検討させていただきます。

第一章　肇国

肇国の宏遠

天地《あめつち》の初め、高天原《たかまのはら》に天つ神々がましまし、伊弉諾尊《いざなぎのみこと》・伊弉冉尊《いざなみのみこと》二柱の神に、稚《わか》く漂う国を修理《つく》り固め成せと詔《の》り給うた。二神は先ず大八洲を、次いで山川草木その他の神々を生み給うたのち、あまねく天の下を知ろしめす天照大神を生み給うた。

天照大神は高天原を知ろしめし、日の神と仰がれて、光うるわしく天地を隈なく照らし給うた。大神は広大無辺な大御心のまに〱、大御業《おおみわざ》を天壌《あめつち》と共に窮《きわま》りなく弥栄《いやさか》えに栄えしむべく、皇孫瓊瓊杵尊《ににぎのみこと》を瑞穂の国の王《きみ》と定めて降臨せしめんと思し召された。尊の降臨に際し、畏《かしこ》くもわが国不動の国体を示して神勅を賜《たま》い、三種の神器を授け給うた。

豊葦原《とよあしはら》の千五百秋《ちいほあき》の瑞穂の国は、是《こ》れ吾《あ》が子孫《うみのこ》の王たるべき地《くに》なり。宜《よろ》しく爾皇孫《いましすめみま》就《ゆ》きて治《しら》せ。行矣《さきくませ》。宝祚《あまつひつぎ》の隆《さか》えまさんこと、当《まさ》に天壌と窮りなかるべし。

かくて瓊瓊杵尊は、日向の高千穂の峯に天降らせ給い、御子彦火火出見尊《ひこほほでみのみこと》、御孫鸕《う》鷀草葺不《がやふきあえ》合尊《ずのみこと》御三代に亙って、日向の地方にましました。世にこれを日向御三代と称し、又、これまでを神代という。

吉田松陰「士規七則」に曰く

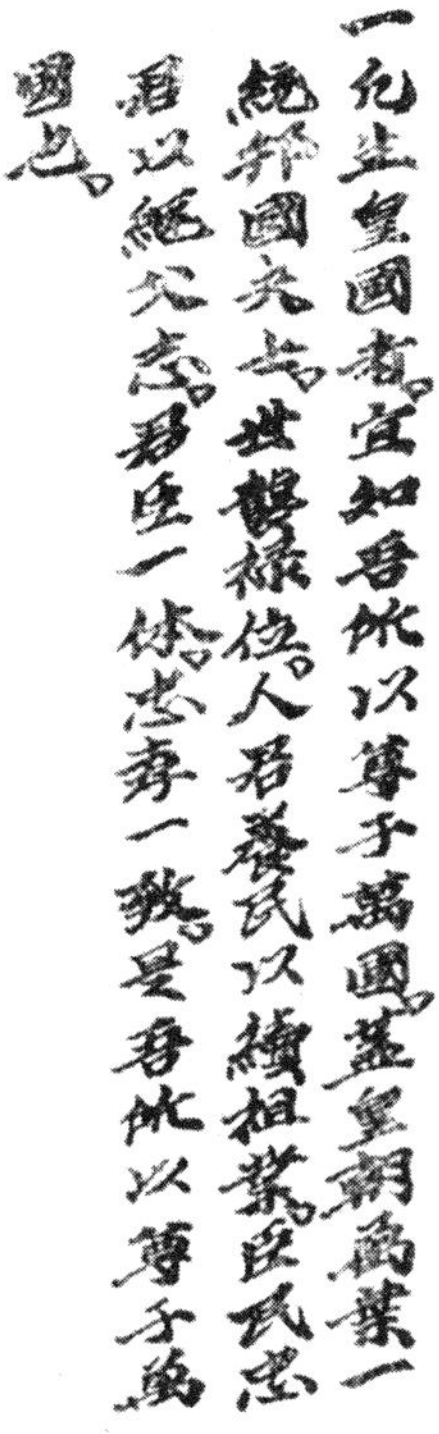
一凡生皇國者。宜知吾所以尊于萬國。蓋皇朝萬葉一統。邦國士夫世襲祿位。人君養民以續祖業。臣民忠君以繼父志。君臣一體。忠孝一致。是吾所以尊于萬國也。

大神は御弟素戔嗚尊《すさのおのみこと》を出雲地方に遣《つかわ》された。尊はこの地を経営せられると共に、朝鮮半島へも往来し給うた。尊の御子大国主神は大神の御旨を奉じて土地を奉還し、杵築宮《きづきのみや》に退かれた。杵築宮は出雲大社の起りである。

天業の恢弘

鸕鶿草葺不合尊の御子神武天皇は、天資英邁《てんしえいまい》にましまし、東方に美地《よきくに》ありと聞《きこ》し召して、天業《あまつひつぎ》を恢弘《かいこう》するにふさわしい地と仰《おお》せられ、皇兄五瀬命《いつせのみこと》を始め諸皇子と図って、東征の御事《おんこと》を決し給うた。御軍《みいくさ》は日向を発し、御途次、安芸《あき》の埃宮《えのみや》・吉備《きび》の高嶋宮《たかしまのみや》などに御船を留めさせられ、賊を平げ皇化を及《およぼ》し給いつつ、瀬戸内海を東に進ませられた。やがて御軍船《みいくさぶね》は難波に達し、ここより大和に入ろうとされたが、鳥見《とみ》の賊長長髄彦《ながすねひこ》が進路を遮り奉《たてまつ》り、五瀬命は流れ矢に傷つき給うた。天皇は、日の神の子孫にして、日に向かって虜《あだども》を征するのは天の道に背くものと思し召され、海路紀伊を迂回あらせられた。その間、五瀬命は薨《こう》じ給い、皇兄稲飯命《いないのみこと》も、熊野灘で海神をなだめるために入水あらせられるなど、艱難を嘗《な》めさせ給うたが、天皇は聊《いささ》かも動じ給わず、熊野に上陸し、重畳《ちょうじょう》たる山嶽を越えて大和に入り給うた。この時、天照大神は或は神剣を下し、或は八咫烏を遣して加護あらせられ、聖業は皇祖が天皇と御共に成し給うことを示し給うた。大和では、叛く者は誅し、降る者は許し給い、最後に長髄彦を討ってこの地方を平定あらせられた。

長髄彦との御決戦には、五瀬命の御最期をしのび憤《いきどお》らせ給い、

　みつ〱し　久米の子らが　垣下《かきもと》に　植ゑしはじかみ　口ひゞく　われは忘れず　撃ちてし止まむ

と歌わせられて将士を励まし給うた。天皇は文と武とを兼ね用いて艱難を克服し、聖業を進め給うたのである。

ここに畝傍山《うねびやま》の東南橿原《かしはら》の地を都と奠《さだ》め給い、詔《みことのり》して、

上は則ち乾霊《あまつかみ》の国を授け給う徳《うつくしび》に答え、下は則ち皇孫《すめみま》の正《ただしき》を養い給いし心《みこころ》を弘めん。然して後に、六合《くにのうち》を兼ねて以て都を開き、八紘《あめのした》を掩《おお》いて宇《いえ》と為《せ》んこと、亦可《よ》からずや。

と仰せられた。やがて辛酉《かのととり》の年元旦、橿原宮に即位ましました。この年こそ実にわが紀元元年である。四年には、霊畤《まつりのにわ》を鳥見の山中に立てて皇祖大神を祭らせられ、もろ〳〵の虜既に平ぎ海内《かいだい》無事に帰したことを告げて、神助に対《こた》え奉り給うた。これは、天皇御みずからの大御業を以って、皇祖の天業を恢弘するものにほかならないことを明らかにし給うたのであって、御歴代の天皇の聖業は、総べて皇祖皇宗の大御業を紹述し給うところである。

官幣《かんぺい》大社橿原神宮・同宮崎神宮は神武天皇を祭り奉る。

明治五年、神武天皇即位の年を紀元と定められ、同六年、紀元元年正月朔日《ついたち》を太陽暦に換算して二月十一日を紀元節と御制定あらせられた。今上天皇は、昭和十五年皇紀二千六百年の紀元節に当り、左の詔書《しょうしょ》を賜わった。聖旨を奉体して万古不易の御創業をしのび奉る時、国民等しく恐懼《きょうく》感激に堪えぬのである。

二千六百年紀元節の詔書

朕惟《おも》うに神武天皇惟神《いしん》の大道《たいどう》に遵《したが》い一系無窮の宝祚《ほうそ》を継ぎ万世不易の丕基《ひき》を定め以て天業を経綸《けいりん》したまえり。歴朝相承《あいう》け上《かみ》仁愛の化を以て下《しも》に及ぼし下忠厚の俗を以て上に奉じ君民一体以て朕が世に逮《およ》び茲《ここ》に紀元二千六百年を迎う。今や非常の世局《せいきょく》に際し斯《こ》の紀元の佳節《かせつ》に当る。爾《なんじ》臣民宜しく思《おもい》を神武天皇の創業に騁《は》せ皇図の宏遠にして皇謨《こうぼ》の雄深なるを念《おも》い和衷戮力《わちゅうりくりょく》益々《ますます》国体の精華を発揮し以て時艱《じかん》の克服を致し以て国威の昂揚《こうよう》に勗《つと》め祖宗《そそう》の神霊に対《こた》えんことを期すべし。

第二章　皇威の発展

神祇《じんぎ》の崇敬

わが国に於いては御歴代の天皇の行なわせ給う政治は、総べて皇祖の肇《はじ》め給う天業の恢弘であり、皇祖皇宗を斎《いつ》き給うことは皇祖皇宗の大御心を承け継がせ給うことであり、これを「まつりごと」という。即ち、天照大神の御神徳は現御神《あきつみかみ》たる天皇を通じて常に顕現し給うのである。もろ〳〵の神を祭り給うことも、神々の御力を以って大御業を拡げ伸べさせ給うことであって、総べては「まつりごと」である。かくの如く祭と政とは、その根本に於いて一であるから、これを祭政一致という。天皇は敬神を第一とし給い、万機の政治も皆神祇を先にし給う。正月に執り行なわせられる政始《まつりごとはじめ》の御儀にも、先ず前年中に神宮の祭祀が滞りなく奉仕された旨を、次いで一般政治のことを聞し召し給うのである。

第十代崇神天皇は、皇祖の御霊代《みたましろ》にます神鏡を大和笠縫邑《かさぬいのむら》に遷《うつ》し奉って、皇女豊鍬入姫命《とよすきいりひめのみこと》をして祭らしめ、宮中にはうつしの神鏡を祭らせ給うた。天皇は又、天社《あまつやしろ》・国社《くにつやしろ》の制を定めて、天神地祇《てんじんちぎ》を祭り、神地《かんどころ》・神戸《かんべ》を置いてその祭祀を厳にし給うた。

垂仁天皇は更に、天照大神御鎮座の地を伊勢の五十鈴の川上に選ばせ給い、皇女倭姫命《やまとひめのみこと》をして仕えしめられた。のち、雄略天皇は五穀の神たる豊受大神《とようけのおおかみ》を丹波より度会《わたらい》の山田原に遷しまいらせられた。世に皇大神宮を内宮《ないくう》、豊受大神宮を外宮《げくう》と称し奉る。

皇室におかせられては篤《あつ》く神祇を崇敬あらせられ、国民もまた神々を祭ったが、特に氏族制度の時代には、その氏の祖先や、特別縁故のある神を氏神として祭ることが行なわれ、祭祀は氏族生活の上に極めて重要な意味をもっていた。のちに氏族制度が崩れるに及び、遠い祖先ばかりでなく、近い祖先を祭ったり、移った土地の開拓神を奉祀《ほうし》し、これを氏神・産土《うぶすな》の神とし、聚落《しゅうらく》生活の中心として今日に及んでいるのである。国民が皇室の崇敬遊ばされる神社を始め、かかる氏神や産土の神々に奉仕するのは、神威を尊び神恩に感謝し、祈願を籠めるためであるが、その祭を通じて大御心に帰一し奉り、大御業を翼賛し奉ることにほかならない。

内治の振興

崇神天皇は民政に大御心を用い給い、池溝《ちこう》を開いて農業を奨め給うた。ここに天下は平ぎ人民は富み栄えたので、男には弓弭調《ゆはずのみつぎ》、女には手末調《たなすえのみつぎ》を納めしめ給うた。かくて国力は充実し、皇威は四方に発展した。

景行天皇は叛服《はんぷく》常なき九州の熊襲を討つために、御みずから西征あらせられ、更に皇子日本武尊《やまとたけるのみこと》を遣してこれを鎮めしめ給うたが、尊は更に叡旨を奉じて東国の蝦夷《えみし》をも追討せられた。その後、天皇は諸皇子を地方に遣されて政務に当らしめられ、又、皇室の御料地を興さしめ給うた。かくて皇威は殆ど全国に及ぶに至り、成務天皇は国・郡を分ち、邑《むら》・里《さと》を定め、その地の材器具《そなわ》る者を挙げて国造《くにのみやつこ》・県主《あがたぬし》・稲置《いなぎ》等に任ぜられ、ここに地方政治の組織も整い、やがて皇威の海外に発展する素地が出来たのである。

氏族制度

大化の改新以前は、わが国民生活は氏族を単位として構成されていたので、氏族制度の時代という。氏族とは、同一の祖先から出た血族の団体で、同一族の者を氏人《うじびと》といい、これを統率する者を氏上《うじのかみ》と称したが、そのほかに部《べ》の民が隷属していた。氏上はこれら氏人や部の民を率いて朝廷に仕えたのである。

各氏族はいずれも農業を営み、自給自足の生活をしていたのであるが、朝廷に奉仕する上に於いてはそれぐ〱定まった業務を世襲した。例えば、中臣《なかとみ》・忌部《いんべ》氏は祭祀を司どり、大伴《おおとも》・物部《もののべ》氏は軍事と宮門《きゅうもん》守衛の任に当った。そのほか、皇室に直属する部民《ぶみん》も存した。各氏族にはその氏の名のほかに、出身や身分を示す姓《かばね》というものがあった。公《きみ》・別《わけ》・臣《おみ》・連《むらじ》・直《あたい》・造《みやつこ》・首《おびと》などがそれである。姓は初め地位の上下を表すものではなかったが、朝政輔翼《ほよく》の道が広くなって臣下の職務に軽重の差が多くなると、次第に姓に対する尊卑の観念が生じた。のちに大臣《おおおみ》・大連《おおむらじ》の職が置かれるに及び、臣の姓をもつものが大臣に、連の姓をもつものが大連に任ぜられるようになったのは、その著しい例である。氏族制度の整っていた時代の政治組織は、皇室を中心に中央の氏族が朝政や祭祀などに参与し、地方の氏族が地方行政に当ったのである。又、氏族は命のまに〳〵調賦《ちょうふ》を納め労役に服し、事ある時には部民を率いて軍事に従ったのである。

上古の文化

わが上古人の生活や思想は、文献のほかに、住居址《じゅうきょし》や古墳・貝塚等の遺蹟、石器・土器等の遺物や神社の祭祀、民間の伝承や慣習などによって、知ることができる。産業は、主として農業であったが、貝塚や石鏃《せきぞく》・釣針・銛《もり》などから、狩猟や漁業の行なわれていたこともわかる。原始の住居は、地面を掘り凹《くぼ》めた上に屋根を架したもので、そののちに柱を用いたり床を設けることが行なわれ、又、重層建築さえ行なわれた。既に聚落生活が営まれ、その中心に氏神があり、春には祈年《としごい》の祝詞《のりと》を捧げて豊作を祈り、秋には新嘗祭をして報賽《ほうさい》した。上古人の生活は、

埴輪（武装男子）

神々を離れては存しなかったのである。神明《しんめい》造り・大社《たいしゃ》造りなどの神社建築に見る簡素にして森厳な美しさ、記・紀などの歌謡にうかがわれる率直さ明朗さは、わが国民精神の表現であり、曲玉《まがたま》などの装身具に示された精巧微妙な技術や、前方後円墳などに現れた宏壮雄大な設計は、上古文化の優秀性を物語るものである。その後、大陸との交渉が頻繁となり、学問・宗教・美術・工芸などに著しい影響を蒙り、わが文化は一層多彩なものとなった。

対外関係

朝鮮半島の北部には早くから漢民族の力が及び、漢の武帝の時四郡が設置された。南部は韓人の居住地であって、多数の小国が群立していたが、大別して馬韓・弁韓・辰韓《しんかん》といい、これを合わせて三韓と呼んだ。その後、馬韓よりは百済、辰韓よりは新羅が興って国家の統一をなし、弁韓のみは小邦連合の形を維持していた。北方では満洲に高句麗が勃興して半島の北部を占め、百済・新羅と境を接するに至った。

崇神天皇の御代に弁韓の一国任那が朝貢し来たって、新羅に侵されることを訴え、わが国の援助を求めたので、天皇は塩乗津彦《しおのりつひこ》を遣してこれを援助せしめられた。次いで仲哀天皇崩御ののち、神功皇后は熊襲を使嗾《しそう》する新羅を征討あらせられ、間もなく百済・高句麗もわが国に服属した。かくの如く半島との交渉が密接になるに及んで、多数の半島人が来朝、帰化した。応神天皇の御代に、弓月君《ゆづきのきみ》が百済百二十県の民を率い、阿知使主《あちのおみ》が十七県の民を率いて来朝、帰化した如きはその著しいもので、かれらの子孫は畿内を始め諸方に居住した。同じ御代に、百済から阿直岐《あちき》・王仁《わに》らの学者が来朝して儒学を伝え、その子孫は多く朝廷の記録・財務に携った。欽明天皇の御代には、百済の聖明王が仏像・経論《きょうろん》等を献じた。神国に仏教が伝わると採否の論が高まって、政争を惹起したが、のちにこれが醇化され日本仏教として発達するのである。なお、応神天皇・仁徳天皇及び雄略天皇の御代には、直接南支那に使を遣して織工等を召し給うた。かくて、養蚕・紡織・醸造・鍛冶《たんや》等に於いても、大陸の技術を採り入れ、これを同化して、大いに産業を発達せしめたので、経済生活は著しい進歩を遂げた。

第三章　大化の改新

改新の先駆

大化の改新は未曾有の大事であった。この大改革は内外の情勢が国体の尊厳を知らしむべき時が迫って行なわれたが、因由は既に遠く発していた。

国内の人口が増加し、国民の生活様式が複雑になると氏族制度が乱れて来た。又、朝政輔弼《ほひつ》の重責は、連の姓の大伴氏・物部氏や、臣の姓の蘇我氏・巨勢《こせ》氏などのみが任ぜられ、おのずから氏族間に勢力争いが生じた。中でも、大伴金村《おおとものかなむら》の半島に対する失政によって大伴氏が衰え、巨勢氏は蘇我氏に圧せられ、物部氏と蘇我氏との対立が激しくなった。やがて、仏教採否の論が政争と結び付くと、祭祀を司どる中臣氏と共に仏教を排撃した物部氏は、仏像を祭った蘇我氏と全く反目し、遂に蘇我氏の勢力独り強く、益々道を誤って務めを怠り、臣下にあるまじきふるまいを敢えてするようになった。必然、地方行政もおろそかにされた。

外には、半島に高句麗・新羅が興隆し、三韓からの朝貢が絶えがちになり、早くも仁徳天皇の御代にさえ新羅の朝貢を促されたことがあった。新羅の勢が盛んになるに反して百済・任那は衰運をたどり、遂に任那の日本府が潰《つい》えて、わが国は半島に於ける地歩を失ったのである。

この原因の一つは、わが当局者の失敗や私欲のためであった。支那に於いては南北両朝の対立が隋によって統一され、その勢威は四隣に及ぼうとしていた。この内外のただならぬ形勢は国民を不安に陥らしめたのである。

かかる際に、推古天皇は聖徳太子を皇太子として政を摂《と》らしめられた。太子は内政を刷新し、民心を教導し、外交関係を調整し、進んで国威の隆昌を図られた。先ず冠位十二階を定めてこれを功績ある者に授け、門閥の弊害を打破して、人材登用の道を開かれた。次いで憲法十七条を作り給い、和の貴きを説かれ、承詔必謹の臣道の大義を諭された。外国に対しては、先ず新羅征討を企て給い、軍を発するには至らなかったが、新羅は屢々《しばしば》朝貢し来たり、高句麗も隋に圧迫されてわが国に接近して来た。太子は更に推古天皇十五年〔六〇七〕小野妹子を隋に遣して、堂々と対等の外交を開かれ、わが国威を東亜の諸国に知らしめ給うた。晩年には国史を撰修《せんしゅう》し給い、又、仏典の注疏《ちゅうそ》を著《あらわ》されて、仏教を正しく授け給うたのも国体闡明《せんめい》の御心からである。なお太子は天文・地理・暦法等の諸学を採り入れて、殖産興業に資せしめ給うた。

聖徳太子は仏教の尊信篤くましまし、寺塔・仏像の御造建少からず、殊に今に残る法隆寺は、建築も壁画も概《おおむ》ね当時の精神と様式とを伝えて、総べてが無比の大芸術である。この時代は美術史上飛鳥時代と称せられる。

大化の新政

聖徳太子薨去《こうきょ》ののち、内外の情勢はとみに急を告げ、政治の一大刷新を断行して国体を明徴《めいちょう》にし、国力を涵養《かんよう》すべき時期に直面した。舒明天皇の御子中大兄皇子は、つとに改革の準備を進められ、皇極天皇四年〔一三〇五〕六月、先ず蘇我入鹿、蝦夷《えみし》を誅滅して新政に着手せられた。次いで孝徳天皇即位あらせられ、中大兄皇子を皇太子に立て、阿倍内麻呂《あべのうちまろ》を左大臣、蘇我石川《そがのいしかわ》麻呂《まろ》を右大臣に、中臣鎌足を内臣《うちつおみ》に任ぜられた。又、先に隋・唐の制度・文物を学んで帰朝した僧旻《そうみん》・高向玄理《たかむこのくろまろ》を国博士《くにつはかせ》とし、年号を立てて大化と称せられた。翌二年正月、改新の詔を下して、土地・人民を悉《ことごと》く朝廷に直属せしめ、班田収授の法を行なって国民生活の安定を図り、税法を定めて国家財政の基礎を築き給うた。ここに氏族制度の因襲は打破され、皇室を中心とする中央集権が確立し、全国は始めて統一的な郡県制度によって統治されるに至った。この時中大兄皇子は、率先して御所有の部民と領地を奉還し、新政の遂行に範を垂れ給うた。

大化の新政は、肇国の本義に基づき、皇位の尊厳と君臣の分とを明確にし、総べての国土・国民を挙げて公地・公民とし、御稜威《みいつ》のもとにその生活を安定せしめ、国力の充実を期せられたものである。

孝徳天皇の御のち皇極天皇重祚《ちょうそ》し給い、斉明天皇と申し上げる。この御代に奥羽の開拓が進められ、阿倍比羅夫《あべのひらふ》が蝦夷を鎮め粛慎《みしはせ》を討ったことなどもあり、これによっても、新政の実施運用の略々《ほぼ》成ったことがうかがわれる。唯、半島に於いては新羅が百済を滅す形勢となって、畏くも天皇は親しく征討の軍を起し給うたが、御軍未だ発せずして、筑紫に崩御遊ばされたことは、まことに恐懼の極みである。

次いで、中大兄皇子が即位あらせられ、天智天皇と申し上げる。天皇は、皇太子として大化の改新に尽くし給い、新政の実挙るを見て、外交なお多端の際に登極あらせられたのであった。都を近江の大津に遷し給い、中臣鎌足に命じて令《りょう》二十二巻を編纂せしめ、戸籍を作り冠位の制を改め給うなど、新政の整備に努めさせられたが、御親政十年にして崩御あらせられた。

官幣大社近江神宮は天智天皇を祭り奉る。

新政の整備

改新の断行に引き続いて諸般の制度の整備を見たが、特に律令の制定は最も重要なものであった。天智天皇の御代に近江令が完成し、天武天皇がこれを修補あらせられ、同時に律の編纂をも行なわしめられた。これを浄御原律令《きよみがはらりつりょう》という。次いで文武天皇は、忍壁《おさかべ》親王・藤原《ふじわらの》不比等《ふひと》たちに勅《ちょく》して律令の修正を行なわしめ給い、大宝元年に完成、公布せられた。これが有名な大宝律令である。その後、元正天皇は、養老二年〔一三七八〕藤原不比等に勅して更に若干の修正を加えしめられた。即ち、養老律令であり、律令は各十巻から成り、この令の大部分と律の一部分が今日に伝わっている。

令制によれば中央に神祇《じんぎ》・太政《だいじょう》の二官があり、神祇官は国家の祭祀と神社の行政とを司どる官で、諸官のほかにこれを設置されたのは神祇を重んずるわが神国の風儀と伝統に基づくものである。太政官は諸政を総理するところで、太政大臣・左大臣・右大臣・大納言等の諸官職が

中央官制

- 神祇官
- 太政官—太政大臣（左大臣・右大臣）—大納言
  - 左弁官
    - 中務省
    - 式部省
    - 治部省
    - 民部省
  - 少納言
  - 右弁官
    - 兵部省
    - 刑部省
    - 大蔵省
    - 宮内省
  - 弾正台
  - 衛門府
  - 左、右衛士府
  - 右、右兵衛府

地方官制

- 左、右京職—東、西市司
- 摂津職
- 太宰府
  - 防人司
  - 筑前国
- 国—郡—里

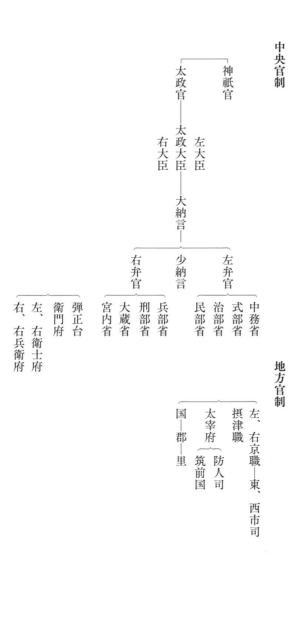

あり、その下に中務《なかつかさ》・式部《しきぶ》・治部《じぶ》・民部《みんぶ》・兵部《ひょうぶ》・刑部《ぎょうぶ》・大蔵《おおくら》・宮内《くない》の八省を置き、各省には更に職《しき》・寮《りょう》・司《し》等の官司があって政務を分掌した。地方は畿内及び七道に分けられていたが、行政区劃《くかく》は国・郡・里の三段階から成り、里は五十戸から成るを原則とし、郡は里の数によって大・上・中・下・小に分れ、国は大・上・中・下に分れた。国には国司、郡には郡司、里には里長を置き、国司は中央から派遣したが、郡司・里長は地方人士の中からすぐれた人物を選び用いた。又、帝都に左《さ》・右京職《うきょうしき》、摂津に摂津職を置いたほか、九州には太宰府を置いて西海道諸国を管し、合わせて外交・国防のことをも司どらしめた。

土地の制度は、班田収授の法が行なわれた。即ち六年ごとに田地を収授する方法で、六歳以上に達した男子には二段、女子にはその三分の二の口分田を給し、死亡した者の分は収公した。そのほかに、官位・功績等によって与えられる職分田《しきぶんでん》・位田・功田・賜田《しでん》等があった。税には租・庸・調等があり、租は土地に課せられるもので、凡そ全収穫の百分の三程度を納めた。神田・寺田・職分田等には租を課せず、これを不輸租田《ふゆそでん》といった。調・庸は一定年齢の男子に課せられるもので、布帛《ふはく》類もしくはこれに代る海産物等を以って納付した。正丁《せいてい》〔二十一歳以上六十歳以下〕は歳役〔正役ともいう〕と称して一年に十日間京師《けいし》に出て官の労役に服する義務があったが、これに服した者は庸を免ぜられた。租は地方の財源に、又、調・庸は京師に運んで中央の財源に充当された。

兵制は徴兵制で、正丁の三分の一を採用して兵士とした。京には衛門《えもん》・左、右衛士《えじ》・左、右

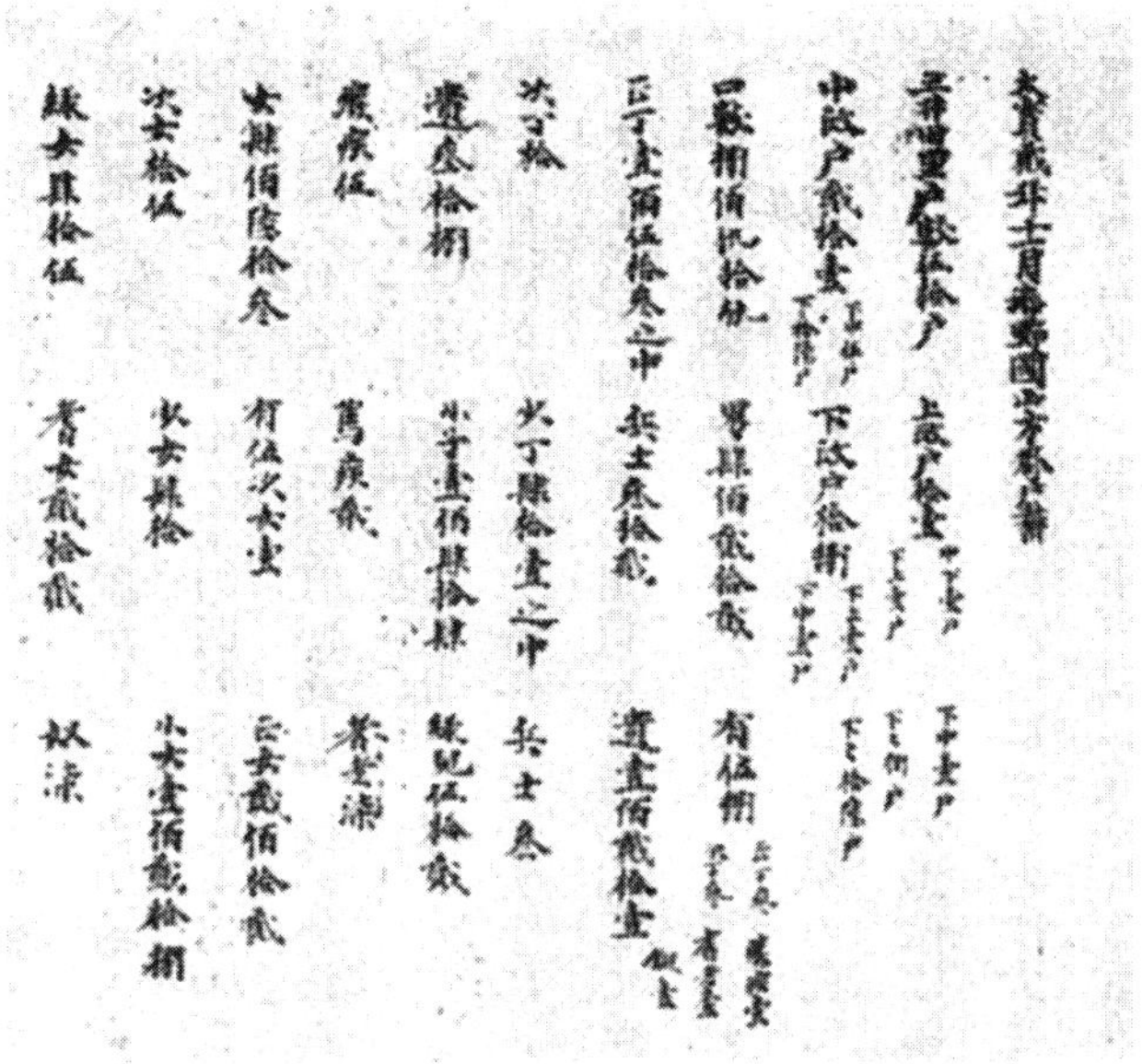

大宝年間の戸籍

兵衛《ひょうえ》の五衛府があり、諸国には凡そ四郡ごとに軍団が置かれ、九州には防人司《さきもりのつかさ》があった。兵士に徴せられた者は一定期間在地の軍団に勤務し、それ〴〵技能に応じて特定の武事を習い、武器の製作、国郡の警備、犯人の逮捕等に当るものであったが、その服役期間に一年間上京して五衛府の衛士となり、三年は防人として筑紫及び壱岐・対馬の警備に当った。

律は今の刑法に当り、犯罪の種類を分けて、その刑罰を定めたものである。刑罰には笞《ち》・杖《じょう》・徒《ず》・流《る》・死《し》の五等あり、君父師長に対する罪は最も重く取り扱われた。

律令制度はわが国情に基づき、支那の制度を参酌《さんしゃく》して制定されたものである。特にその実施に当っては古来の伝統や風習を考慮して、円滑な運用を図ったのであり、かくて未曾有の改革も大きな支障なく実施することができたのである。

第四章　国運の隆昌

奈良の盛世

大化改新の結果、皇威は益々伸張し、国力は年と共に充実して、やがて奈良の盛世を迎えるに至った。

御民《みたみ》われ生ける験《しるし》あり天地《あめつち》の栄ゆる時に遇《あ》へらく念《おも》へば　（海犬養宿禰岡麻呂《あまのいぬかいのすくねおかまろ》　万葉集）

皇都は、古来概ね大和南部に奠められたが、その規模未だ大ならず、殆ど御代ごとに新しい場所に造営された。然るに、今や中央集権が確立され、外国との往来も繁《しげ》くなるに及んで、それにふさわしい皇都の建設を必要とするに至った。持統天皇が営まれた藤原京は、皇都として頗《すこぶ》る整備したものであったが、元明天皇は更に北大和の平城の地に規模宏壮な都城を造営せられ、和銅三年より凡そ七十余年間の皇都となった。

この間、皇威の発展を物語るものに、蝦夷地の経営や、西南諸島の服属がある。奥羽地方には古くから蝦夷が居住し、未だ皇化に浴しない者が多く、大化以前には、菊多《きくた》・白河の両関を以って蝦夷に備えたのであったが、改新後、皇威漸《ようや》く北辺に及び、斉明天皇の御代に阿倍比羅夫が舟師を率いて齶田《あきた》〔秋田〕・渟代《ぬしろ》〔能代〕の蝦夷を降《くだ》し、進んで渡島《わたりじま》に及んだことがあった。奈良時代にはいって、更に経営が進捗《しんちょく》し、出羽には雄勝《おかち》城、陸奥には桃生《もむのふ》・伊治《いじ》の二城が築かれ、諸国の民をこの方面に移すと共に、蝦夷を内地に移して順撫《じゅんぶ》と同化に努めたのである。

九州南部の隼人《はやと》も、この時代には全く帰順した。又、西南諸島は元来本土の民と系統を同じくするものであったが、推古天皇の御代に掖玖《やく》〔屋久〕の島民が来朝してから、漸く政治的関係を生じ、文武天皇の御代には、多褹《たね》〔種子〕・掖玖・奄美・度感《とこ》などの島民も来たり、そののち朝貢を続けた。元明天皇の和銅七年には、信覚《しがき》・球美《くみ》二島の住民も来朝し、皇威は遥か南方に及ぶに至った。

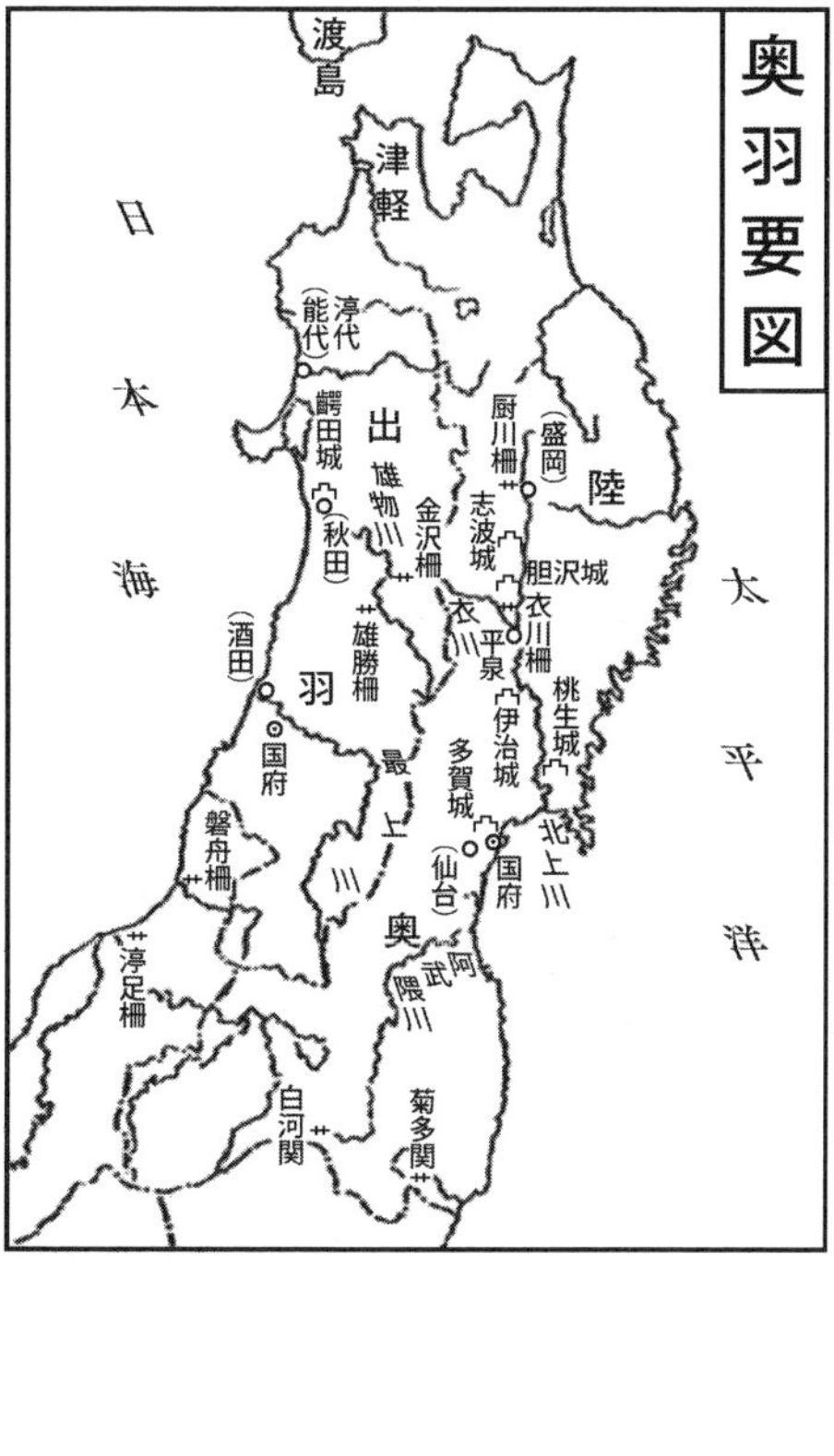

奈良の文化

奈良の御代御代は、国力が充実して、あらゆる方面に活気の漲《みなぎ》った時代であるから、文化の上にもそれが反映した。殊に、遣唐使の派遣や外国人の渡来によって、外来文化の刺戟を受けることが著しく、文化の背景が拡大し、内容が多彩になると共に、わが国家意識もおのずから強烈になり、進んで海外文化を包容同化して、一層高いものを生み出そうとし、ここに絢爛《けんらん》たる文化が現れたのである。この時代の初めに、古事記・日本書紀が編纂され、風土記が撰進《せんしん》されたのも、皇威が発揚され、国家意識が強められたからである。漢詩集の懐風藻《かいふうそう》が編まれた一面には、古来の伝統精神を具現する万葉集が出来た。仏教が隆盛になり、義淵《ぎえん》・行基《ぎょうき》・玄昉《げんぼう》・良弁《ろうべん》等の名僧が陸続と現れ、又、唐僧鑑真《がんじん》の来朝を見たが、仏教に対する態度はあくまで国家的であった。即ち仏法によって国家は擁護せられ、仏法の興隆によって国家の繁栄、君臣の安泰が得られるという思想を以ってこれに臨《のぞ》んだ。造寺・造仏は国家の政務と同じ目的をもつもので、聖武天皇が東大寺を営み、国分寺を建設あらせられたのも、全くそのためであった。それに伴なう美術・工芸の発達も、飛鳥時代以来の隋・唐文化の要素が悉く同化吸収され、それを通じて全アジアの文化がわが奈良文化の中に融合した感がある。唐招提寺《とうしょうだいじ》や東大寺はその主なる遺構・遺物であるが、特に正倉院の御物《ぎょぶつ》は当代文化の粋を集めたものである。又、正倉院の建築に見られる通風・防湿の科学的創意や、法隆寺に伝わる百万塔陀羅尼《だらに》の印刷は、共に世界に誇り得るものである。

正倉院

古事記　天武天皇は稗田阿礼《ひえだのあれ》に勅して、帝紀・旧辞を誦習《しょうしゅう》せしめられたが、元明天皇はその業を継承あらせられ、太安万侶《おおのやすまろ》をして阿礼が誦《よ》むところを撰録せしめられた。これが和銅五年に成った古事記三巻で、神代から推古天皇の御代までを記している。漢字を用いながらも、独特の文体を以って国語を表現している。

日本書紀　元明天皇は和銅七年、更に舎人《とねり》親王たちに勅して、国史の編纂を命じ給い、六年を経て、元正天皇の養老四年に、日本書紀三十巻・系図一巻が撰録された。その内容は、神代から持統天皇の御代に及び、漢文を以って記されている。こののち醍醐天皇の御代までに、これと体裁を同じくする続日本紀《しょくにほんぎ》・日本後紀《にほんこうき》・続《しょく》日本後紀・日本文徳《もんとく》天皇実録・日本三代実録が勅撰され、合わせて世に六国史《りっこくし》と称せられる。

万葉集　奈良時代の終り頃に、撰集されたもので、凡そ仁徳天皇から淳仁天皇の頃までの和歌を含み、多くの御製を始めとし、一般庶民の歌に至るまで約四千五百首が収められている。臣下の主な歌人としては柿本人麻呂・山部赤人・山上憶良《やまのうえのおくら》・大伴旅人《おおとものたびと》・同家持《やかもち》や額田王《ぬかだのおおきみ》・大伴坂上郎女《おおとものさかのえのいらつめ》・笠郎女《かさのいらつめ》らがすぐれている。

正倉院　東大寺の境内にあり、聖武天皇の御物を主とし、仏具・武器・楽器等三千余点が収められている。建物は校倉《あぜくら》造りで三稜の木材を井桁《いげた》に積み重ね、床下も九尺ほどある。古くから勅封であったので、取扱いも慎重にされ、御物は、往時の色彩をそのままによく今日に伝えられている。外国史で学んだ古代の遺蹟・遺物の現状を思う時、わが国体のありがたさがしみぐ〵と感ぜられる。

対外関係

一方、東亜の情勢を見るに、唐は建国以来内治・外征に努めた結果、東は百済・高句麗を滅し、北は東突厥《とっけつ》、西は西突厥・回紇《ういぐる》・吐谷渾《とよくこん》・吐蕃《とばん》等を降し、遥かに大食《たあじ》・天竺《てんじく》と境を接するに至った。これによって、西方の文物は天山南北路を通じて移入され、長安を中心に、唐の文化は未曾有の盛観を呈し、殊に奈良時代の中頃に玄宗《げんそう》が即位するや、その全盛期を迎えた。わが国は、舒明天皇の御代から引き続き遣唐使を派遣し、奈良時代には四回の派遣を見たが、そのたびに多くの留学生が随行し、又、唐を始め南インドの僧侶の渡来する者もあり、彼我の文化的交渉は頗る密接であった。これによって、仏教及びそれに伴なう芸術上の影響は固《もと》より、唐最盛期の漢文学の輸入があり、五節供《ごせっく》など年中行事の移植はそののち醇化されて今日に伝わっている。

新羅は半島第一の独立国として、大同江以南を領有し、その勢威漸く盛んになり、又、唐文化の流入によって文物・制度の見るべきものがあった。しかしわが国に対する態度はややもすれば不遜となり、光仁天皇の御代を限りとして朝貢を断つに至った。

満洲には牡丹江上流に新たに渤海《ぼっかい》が起り、聖武天皇の御代に朝貢してから、屢々使節を派して方物《ほうぶつ》を献じ、わが国からも、答礼の使節を遣すことがあった。この親善関係は醍醐天皇の御代に渤海が滅亡するまで続いた。

当時に於ける海外渡航は、造船技術や航海法の発達が不十分なために、多大の危険を伴ない、渡航の船は、屢々風波の難に遭って漂流し、目的地に到着できないことも少くなかった。又、経済的にも大きな負担であったが、国際上に於ける地位を確保し、彼我文化の積極的交流を図るために、あらゆる困難を克服して遂行されたのである。しかも、長安に於けるわが使節の毅《き》然《ぜん》たる態度は、海東君子国の名を高め、留学生もまた、その学才を以って唐人を驚嘆せしめたのである。

遣唐使は通常四艘の船に分乗し、総人員は凡そ五、六百名であった。航路は南北二路あって、北路は朝鮮半島の西岸に沿って北上し、渤海湾を横ぎり、山東半島の登州、又は萊州《らいしゅう》に上陸するもので、南路は東支那海を横断して、蘇州・揚州に向かうものであった。新羅との関係が円満な時は、北路を取ったが、奈良時代には多く南路を取った。

平安初期

奈良時代も末葉になると、権臣《けんしん》の専権が漸く著しくなり、殊に、政教混同の結果僧侶の政治に携る者を生じ、遂には道鏡の如く天位をうかがう不臣の者さえ出るに至った。ここに、光仁天皇は庶政の改革に着手あらせられ、次の桓武天皇がその御志を紹述あらせられた。天皇は先ず、平安遷都によって因襲と積弊を除き給い、更に地方政治を刷新し、兵制を整え、課役を減じて国民生活の安定を図り給うた。又、蝦夷が再び叛いたのでこれを討たしめられた。即ち坂上田村麻呂が勅命を拝して征夷の軍を進めると、長く賊の本拠であった胆沢《いさわ》の地方も全く鎮定し、田村麻呂はここに胆沢城を築き、進んで志波《しは》城を置いた。その後、嵯峨天皇の御代に文室《ぶんやの》綿麻呂《わたまろ》、陽成天皇の御代には、藤原保則《ふじわらのやすのり》・小野春風《おののはるかぜ》がその経略に当った。

この頃になると時勢の変遷によって、律令制度にも多少の変改を要するに至り、官制にも令《りょう》外官《げのかん》と称する今の官制以外の新たな官が設けられた。奈良時代に於ける中納言・参議、嵯峨天皇の御代に於ける蔵人所《くろうどどころ》・検非違使《けびいし》の設置などがそれである。法令も律令制定後、臨時法たる格《きゃく》や、施行細則ともいうべき式《しき》が随時発布されて来たが、その整理・編纂が三たび行なわれた。これを弘仁格式《こうにんきゃくしき》・貞観《じょうがん》格式・延喜《えんぎ》格式という。しかし政治の実情には既に多くの時弊が生じ、中央の威令は漸く地方に徹底しなくなって来た。

眼を海外に転ずれば、唐も昔日の力を失い、内には藩鎮《はんちん》の跋扈《ばっこ》があり、外には吐蕃の侵入があって、凋落の状が顕著になって来た。遣唐使は平安初期になお二回派遣されたが、やがて宇多天皇の御代菅原道真の建議に基づいて、これが廃止を見たのは、かかる事情によるもので、唐は間もなく滅亡し、五代・十国の乱世となったのである。新羅も国力衰微し、その賊徒がわが沿海に出没することもあったが、朱雀天皇の御代、遂に亡び、代って高麗が半島を統一した。渤海もまた、わが醍醐天皇の御代に契丹《きったん》に滅され、その故地には東丹国《とうたんこく》が建てられた。かくの如く、わが近隣諸国は相次いで滅亡し、東亜の国際情勢は一変したが、わが国は既に消極的な外交策を執っていたため、その影響を蒙ることは殆どなかった。

平城天皇の皇子高岳《たかおか》親王は、空海の門に入って、真如《しんにょ》と号され、仏法の奥儀を求め給うた。清和天皇の貞観年中高齢の御身を以って入唐せられ、更にインドに渡ろうとして、広東《かんとん》を御出発、途中羅越《らおつ》国〔マレー半島南端〕にて遷化《せんげ》あらせられた。邦人にして渡天《とてん》を企てられた最初の御方であり、高邁《こうまい》な御見識、不撓《ふとう》の御気力は、まことに畏《かしこ》き次第である。

第五章　政治及び文化の推移

政態の変化

大化の改新によって閥族《ばつぞく》の擅権《せんけん》が排され、奈良時代には未だ権力が特定の氏に集ることはなかったが、平安初期から藤原氏専横の端が開かれた。藤原氏は初め鎌足・不比等父子が大功を立て、且つ皇室の外戚となるに及んでその地歩を固めた。平安時代にはいって、橘・大伴・紀氏らが相次いで失脚したのに反して、藤原氏は良房が太政大臣となり、次いで摂政に任ぜられ、その子基経《もとつね》は関白に任ぜられた。そののち、延喜・天暦の御代を経てから、即闕《そっけつ》の官たる摂政・関白は遂に常置の官として藤原氏の独占するところとなり、その専横時代が現れたのである。

後三条天皇はその弊害を察し給い、源師房《みなもとのもろふさ》・俊房《としふさ》父子、藤原実政《ふじわらのさねまさ》・大江匡房《おおえのまさふさ》等を登用して政治の刷新を進められたが、特に記録所《きろくじょ》を設けて荘園の整理に力を用いさせられた。班田収授法も次第に行なわれなくなる一方、奈良時代に開墾奨励のために墾田《こんでん》の私有を許されてから、社寺・権門《けんもん》・勢家《せいか》は広大な土地を開発又は買取し、ここに荘園制度の発達を見るに至った。地方の豪族中には、土地を中央の社寺・権門・勢家に託してその保護を求める者も多かったから、貴族の領有する荘園は益々増大し、それによって大きな経済力を保持した。荘園中には、租税の免除を受けたり、国司の権力の及ばぬ所も少くなく、公領の蚕食《さんしょく》されたものも多かった。随って、荘園は国家の政治・財政に最大の障害となり、これがために中央の威令は行なわれず、地方の政治は紊乱《ぶんらん》したのである。天皇はかかる弊風の打破に努め給うたのであるが、御在位僅か五年にして白河天皇に譲位あらせられ、間もなく崩御遊ばされた。又、荘園の整理は貴族の財政に影響するところ甚大であったため、十分な成果は揚らなかった。

白河天皇は譲位の御のち、院中にて政を聞し召された。ここに院政が始り、爾来明治維新まで凡そ八百年間世々の慣例となった。院庁《いんのちょう》には別当以下の院司があって政務に与《あずか》り、政治の決裁は上皇に仰ぎ奉った。これより摂政・関白の力は全く失われるに至ったが、未だ天皇親政の真姿《しんし》に復帰することはできなかった。

産業の発達

朝廷は常に農事を奨めさせられ、特に治水事業は重要な国務として遂行された。池・溝・堤・堰《せき》の築造修理は絶えず行なわれ、地方官にして治水を怠る者は罰し、私人にして水利に尽くす者は賞するなど、常に意を灌漑に用いさせられた。政府は、農業技術の指導に努め、水車、稲機《いなはた》その他新しい農具の普及を図り、陸田《りくでん》の使用、桑・漆《うるし》・麦・粟等の栽培の栽培を奨励し、棉《わた》の如き新来種の試植をも行なわしめた。技術の進歩は耕地の増加と相俟って、生産力を増強せしめた。これに伴なって手工業も発達し、専門の技能者が発生して、優秀な工芸品が製作されるに至った。生産力の増強、交通の整備等は商業の発達を促し、京師の東西の市を始め、博多・敦賀の如き海外交通の要衝や淀川沿岸の船着場などには、商賈《しょうこ》が軒を並べるようになった。貨幣は奈良時代に鉱石の採掘が進んで、諸国に金・銀・銅等を産出するようになり、新たに和同開珎《わどうかいちん》が鋳造されたのを始めとし、こののち、村上天皇の御代に到るまでに、前後十二回に亙って銀・銅の貨幣が鋳造され、又、金は砂金のまま貨幣として使用された。しかし一般に、貨幣の流通は著しくなく、米・布帛を仲介とする売買が多く行なわれていた。

文化の成熟

平安時代は、外来の諸文化がわが固有の文化の中に同化、吸収されて、渾然融合した時であった。仏教に就いて見ると、わが神祇思想と調和させるために、本地垂迹説《ほんじすいじゃくせつ》が唱えられ、神仏は一体であるとの思想が発達した。文学では、初期にはまだ漢文学が盛んであったが、仮名の案出・使用に伴なって国文学が発達し、中期以降は和歌・日記・物語・随筆・紀行などにすぐれた作品が生まれた。歌集には古今和歌集以後多くの勅撰集があり、日記には紀貫之の土佐日記、物語には紫式部の源氏物語、随筆には清少納言の枕草子等があり、わが国文学史上最も華やかな時代を現出した。

執金剛神

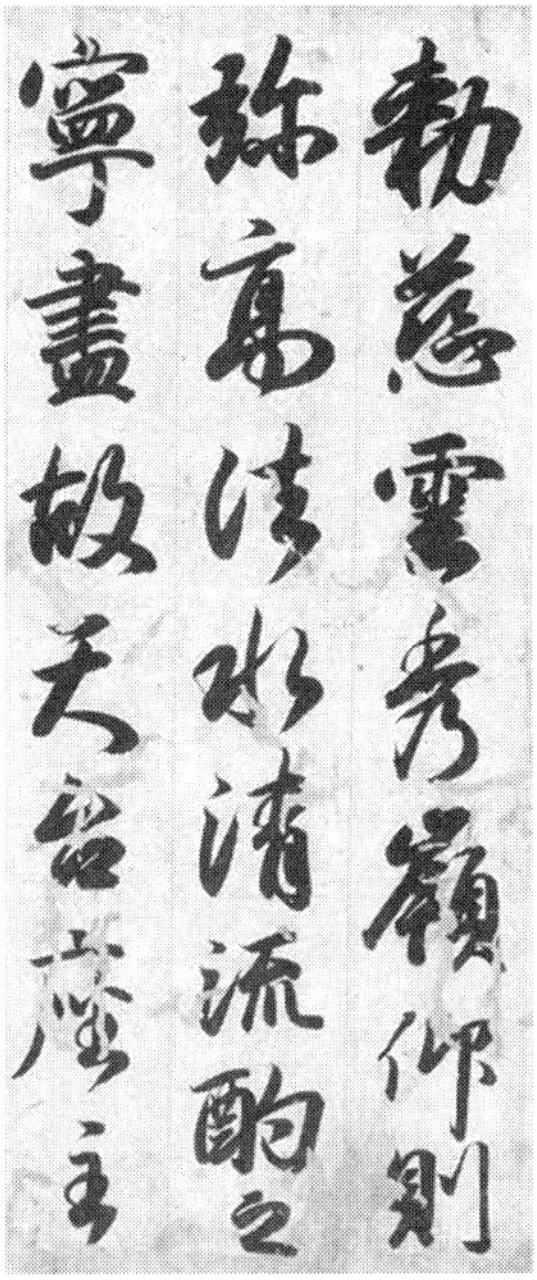

小野道風書伝

すぐれた女流作家の輩出したのも、この時代の特徴で、紫式部・清少納言のほかにも、小野小町・和泉式部・赤染衛門《あかぞめえもん》らがあり、作品には蜻蛉《かげろう》日記・和泉式部日記・紫式部日記・更科《さらしな》日記・讃岐《さぬき》典侍《のすけの》日記や栄華物語などがある。

美術・工芸に於いても次第に大陸の影響を脱して、国風豊かな作品が生まれた。建築では堂宇《どうう》・殿舎《でんしゃ》の配置が自由となり、貴族の住宅建築である寝殿造りや、宇治平等院の如き貴族の別荘には、巧みに自然の景を取り入れた典雅な風が見られる。彫刻では定朝《じょうちょう》に到って流麗優美な彫法が完成し、書道では小野道風によって和様《わよう》が始められ、絵画では大和絵が勃興した。要するに、古来の風尚・伝統の中に外来文化の長所が巧みに調和されて、馥郁《ふくいく》たる日本文化が発展したのである。

地方と武士

中央の紀綱が弛み、地方政治が紊乱するにつれて、農民の中には耕地を失って放浪し、或は山賊・海盗の群に投ずる者も生じたが、治安を維持すべき制度は既に崩れていた。桓武天皇の御代に、兵制の改革が行なわれ、九州・奥羽等の辺要国のほかは、徴兵制度を廃して郡司の子弟を以って健児《こんでい》を組織したが、その数三千余人に過ぎず、殊に平安中期以降はこれも有名無実となったから、地方の警察力は殆ど失われてしまった。かくて地方の豪族は、みずから武力を蓄えて有事の際に備えたのである。かれらの中には、古来その地に土着して令制実施後郡司などに任用された者もあり、国司が解任後土着した者もあり、又、中央に志を得ずして地方に赴《おもむ》いた諸王・諸臣の子孫もあった。そうして自己の防衛に当るのみでなく、地方に叛乱が起れば追捕使《ついぶし》・押領使《おうりょうし》などに任ぜられて、その鎮定に当った。

豪族の上下の間には固く主従関係が結ばれ、集団組織が次第に強化拡大された。これを率いて勢力を振るうに至ったのが源・平の両氏である。朱雀天皇の御代に起った承平・天慶の乱に源経基《みなもとのつねもと》・平貞盛が功を立ててから、両氏は擡頭《たいとう》が著しくなった。殊に経基の孫頼光・頼信は共に武名を以って聞え、頼信の子頼義と孫義家は、奥羽に於ける前九年・後三年両度の役を鎮定して東国にその勢力を扶植した。平氏は正盛・忠盛相次いで瀬戸内海の海賊を討ち、次第に西国に勢力を張った。更に、かれらは僧兵の暴戻《ぼうれい》をも倒し、次第に中央進出の機会をも得た。かかる折から、藤原氏一族間の権勢争奪に端を発して保元・平治の乱が起り、藤原氏は源平二氏の武力を利用せんとしたが、却って武家に中央政界に進出する機会を与える結果となった。

即ち、両度の乱に功のあった平清盛は、遂に太政大臣に任ぜられ、皇室の外戚となって、藤原氏に代る地位を占めた。しかし、平氏は専横な行動が多かったので、間もなく源氏の討滅するところとなった。

第六章　鎌倉幕府と武士道

幕府の開設

源頼朝は平氏の没落ののち、朝廷から全国の治安維持の任に当るべき御許しを拝したが、全国の平定後、征夷大将軍に補せられ、幕府をその根拠地鎌倉に開いた。幕府には、政所《まんどころ》・侍所《さむらいどころ》・問注所《もんじゅうしょ》等の機関があった。政所は幕府の政務一般を司どる所で、その長官を別当といい、初め大江広元がこの職に就いたが、のちには北條氏の世襲となり、執権と称した。侍所は家人《けにん》を統御し、軍事・警察を司どる所で、和田義盛が別当となったが、のちには執権の兼ねるところとなった。問注所は訴訟を扱う所で、長官を執事といい、先ず三善康信が補せられた。又、京都守護・鎮西奉行・奥羽奉行を置いてその地方の治安に当らせたほか、全国に守護・地頭を配置した。守護は国ごとに置かれて、軍事・警察を司どり、地頭は全国の公領・荘園に置かれて、管内の租税の徴収、警察等を司どった。

朝廷におかせられては、幕府に治安の確保を御委任遊ばされたが、外交や一般の行政、殊に叙位・任官のことは旧《きゅう》によって執り行なわせられ、又、権門・社寺等の荘園も支配せられたのであるが、武力をもつ守護・地頭の勢力は漸く国司や荘園領主を圧し、幕府の権力は守護・地頭を通じて、全国に伸張するに至った。武家が大政に与り、治安の任に当ったのは、当時の情勢が然《しか》らしめたものとはいえ、皇国統治の大道をゆがめ奉ったことは争われぬ事実であり、まことに恐懼の極みである。

後鳥羽上皇はいたくこれを歎かせ給い、朝政を振粛し、文武の道を興し、以って朝権の回復を図り給うた。源実朝薨じて源家断絶ののち、北条義時の専恣《せんし》が募《つの》るに及んで、承久三年、遂に義時追討の院宣を下し給うた。然るに、官軍の力振るわず、京都は賊軍の侵すところとなった。義時は無道にも、後鳥羽上皇を始め奉り、土御門上皇・順徳上皇を遠島に遷し奉り、勤皇の朝臣・武士を斬り、その所領を没収する等の暴戻をなした。世にこれを承久の変という。

こののち、執権北条氏の権力は愈々《いよいよ》強大となり、将軍の存在は有名無実となった。やがて泰時は評定所《ひょうじょうしょ》を設けて合議制度を採用し、貞永式目を定めて裁判の準拠とし、努めて幕政の公正を期した。これによって幕府の基礎は益々強固となったが、承久の変後約五十年にして、ここに蒙古との交渉が起った。

東亜の形勢

支那は、唐の滅亡後五代の世となり、暫《しばら》く紛争を続けていたが、村上天皇の御代に宋がこれを統一した。その頃、宋の北方には契丹があり、やがて国号を遼と称して宋と相対峙するに至った。そののち、遼の治下の女真《じょしん》が独立して国を金と号するに及び、宋は金と結んで遼を挟撃する策を執った。然るに、金が遼を滅すや、更に宋を圧迫したため、宋が遂に都を汴京《べんけい》より南の臨安に遷すに至ったのは、崇徳天皇の御代のことである。宋は武力こそ脆弱《ぜいじゃく》であったが、その文化には見るべきもの多く、近隣諸国に影響を及した。わが国にも早くから宋の商船が渡来したが、白河天皇の御代に宋室から錦・経巻等を献じ来たって国交が開け、商船の往来も繁く、僧侶の往復も行なわれた。

土御門天皇の御代には、金の治下にあった蒙古族から成吉思汗《ちんぎすかん》が現れ、内外蒙古を統一して蒙古国を建てた。蒙古は武力にすぐれ、忽《たちま》ち支那の北部・西部を併呑《へいどん》し、更にヨーロッパに進出して、モスコー・ハンガリー・ポーランド等まで席捲し、未曾有の大国となった。第五代忽《く》必烈《びらい》〔世祖〕に到って都を大都《だいと》（北京）に奠め、宋に圧迫を加えると共に高麗を属国となし、進んでわが国に迫るに至った。

元寇の撃攘

蒙古は文永五年以来、屡々使をわが国に遣して修好を求めたが、その文辞甚《はなは》だ無礼で、陰にわれを服従せしめんとするものであったから、朝廷は幕府の意見を徴され遂に返書を与えられなかった。且つ、朝廷は諸社寺に敵国降伏の祈禱《きとう》を行なわしめられ、幕府では少壮気鋭の時宗が執権となり、急迫した時局に善処して国防に努めた。文永十一年〔一九三四〕十月に到り、元軍三万余人は合浦《がっぽ》（馬山浦《まさんほ》）を発して対馬・壱岐を侵し博多湾に迫り、同月十九日、その一部は上陸して太宰府を衝かんとした。蒙古兵は極めて剽悍《ひょうかん》で、集団による野戦に長じており、且つ火器・毒矢等の新兵器を使用した。わが将士はよく防戦、これを撃退したが、たまたま二十日夜半に颶風《ぐふう》起り、賊船の多くは覆没し、残存者は悉く逃れ去った。

役後、幕府は敵の再挙に備えて博多湾沿岸一帯に石塁・土塁を築くなど防備を厳重にする一方、進んで大陸出兵を計画し、建治元年には西国武士に出征準備をなさしめた。これによって国民の士気は大いに揚ったが、未だ発せざるに元再度の来襲となった。

元は宋を滅した勢に乗じて、弘安四年〔一九四一〕十四万の大軍を二路に分け、合浦と慶元（寧波《ねいは》）から相次いで博多湾に来襲した。わが将士はよくこれを邀《むか》え撃ち、屢々敵艦を襲撃して敵の心胆を寒からしめたのであるが、七月末日颶風再び起って賊船覆没するもの数知れず、鷹島《たかしま》に上陸した残敵は、わが将士の急迫に遭って殆ど潰滅し、逃れ帰った者は極めて少数であった。

元寇はわが国未曾有の国難であったが、御稜威のもと、挙国一体よくこれを克服し、以って神州不動の国体を擁護したのであった。亀山上皇は文永の役に焼失せる筥崎宮《はこざきのみや》の再建に当って、敵国降伏の宸書《しんしょ》を神殿の礎石に籠めさせられ、又、弘安の役には宸筆の御願文《ごがんもん》を神宮に奉り、御身を以って国難に代らんと祈らせ給うた。幕府も、時宗以下身を挺して事に当り、軍略・用兵にも万全を期し、将士また戦意旺盛にして、よく命を奉じて奮闘したのである。春日若宮の神主中臣祐春《なかとみのすけはる》が、「西の海よせくるなみもこゝろせよ神のまもれるやまと島根ぞ」と詠じ、京都正伝寺《しょうでんじ》の東巌慧安《とうがんえあん》が、「すゑのよの末の末までわが国はよろづのくににすぐれたる国」と詠じたのも、共に国民の中に湧きあがる神国不敗の信念の現れであった。又、異国征伐のことが計画されるや肥後の家人井芹秀重《いぜりひでしげ》は、八十五歳の老齢にて歩行困難のため、六十五歳の嫡子以下一族を挙げて参加せしめんと申し出で、真阿尼《しんあに》は子息と女婿《じょせい》を共に従軍せしめんとした。このような国を挙げての尽忠の至誠が、未曾有の国難を克服したのである。

役後の情勢

弘安の役後、元は更に第三回の来寇を企ててその準備を進めたが、幕府もまた戦闘終了と共に善後策を講じ、鎮西の将をして常に戦時の態勢を整えしめ、又、北條の一族を九州及び中国に派遣して沿海の防備と家人の統率とに当らしめた。元からはその後再三使節が来たが、幕府は常にこれを斥けて益々警戒を厳にした。しかし、幕府が両度の役から蒙った影響には深刻なものがあった。

幕府は、治安維持の方法として、政治の公平と尚武の鼓吹とに努力して来たが、泰平の持続や京都風の影響のため、初期に示された質素の風は時と共に失われ、武家の生活は漸く華美に赴いた。かくて幕府は屢々倹約令を発したが、その徹底は頗る困難で、家人の多くは経済困難に陥り、所領の質入・売買を行なって家人の資格を失う者も少くなかった。しかも、元寇の際の軍役負担により家人の窮乏は一層甚だしく、幕府は遂に永仁五年徳政令を発し、喪失した所領を無償で家人に回収させる非常手段を執った。ために国内経済の混乱を招き、人心に動揺を起し、却って家人への融通の道を塞ぐこととなり、ひいては幕府の信望をさえ失う結果となった。

又、元寇撃攘の論功行賞に於いても、幕府に確乎たる成算がなく、検地等によって新たに発見した隠田《おんでん》などを以って僅かに一部の行賞を試みたが、永仁二年には行賞を打ち切ったので、幕府に対する不満の声が高まるに至った。時宗の孫高時が出家し、政治が執事長崎高資《ながさきたかすけ》の手に委ねられるに及び、賄賂が公然と行なわれて政治の公正は全く期せられず、陸奥に起った叛乱さえ鎮定することができず、幕府の衰運は漸く表面化した。

文化の特質

奈良、平安時代の文化は都を中心に公卿《くぎょう》・僧侶によって育成されたが、この時代には新興の武士が文化上にも重要な地位を占め、文化の創造に与《あずか》る人も増し、その及ぶ地域も著しく拡大されるに至った。即ち武士が政治上・社会上優勢な地位を占めるに及び、貴族の文化独占の傾向が次第に打破された。仏教の如きも、従来は頗る貴族的であったに反し、この期に成立した浄土宗・浄土真宗・日蓮宗等はいずれも庶民的な色彩が濃厚であった。法然の如きは、寺塔を建て仏像を造ることが往生の本願であるならば、貧者には遂に往生の道がない、才智あることが往生の因であれば、愚鈍の者は全く往生ができぬと言い、選択本願念仏集《せんじゃくほんがんねんぶつしゅう》を著して最易行《さいいぎょう》の念仏を唱道した。その弟子親鸞《しんらん》に到っては、更にこれを平易、卑近なものとして絶対の他力本願を説き、浄土真宗を開いた。日蓮は法華経を以って仏教の正法であると信じ、法華宗を唱え、又、立正安国論を著し、正法によって国家を安泰ならしめようとした。栄西や道元によって宋から伝えられた禅宗は、坐禅・工夫によって悟道を期するものであり、その宗風《しゅうふう》はおのずから武士の風尚にかない、とみに盛んになった。

武士を背景とする文化に、雄健豪放にして且つ簡素な風が現れたのは当然であった。彫刻に於いてはなお平安後期の定朝風《じょうちょうふう》が名残りを留めたが、一方には運慶・湛慶《たんけい》らによって豪壮雄《ゆう》渾《こん》な彫法が完成され、時代の嗜好に投じた。東大寺南大門の仁王像や、その他四天王・十二神《しん》将《しょう》など、多くの傑作が遺《のこ》されている。建築に於いても太い、木割りや質素な組物に豪放な表現を見ることができる。住宅建築また、従来の寝殿造りに代って、一棟の建物を数室に分け、正面に玄関を作り、板で屋根を葺《ふ》くという簡素で実際的な武家造りが始められた。かかる力強さや質樸さは、平安文化の華麗と優美をこえて遥か古代の精神に通ずるものであり、そこに尚古《しょうこ》思想が見られるのである。彫刻に天平風《てんぴょう》が再現し、仏教に律宗《りっしゅう》や華厳宗《けごんしゅう》が再興したことなどその適例である。

又、この時代に伝来した宋の文化も、種々の方面に影響した。学問では、宋学摂取の端が開かれ、建築では天竺様・唐様（禅宗様）が輸入されて、東大寺の南大門や円覚寺の舎利殿にその風を伝えている。これらは平安時代以来の伝統的な和様建築に影響し、時と共に和様の中に綜合されてしまうのである。

武士道

当代に於ける武士生活の中心となったものは武士道である。武士道とは武士の間に発達した道徳をいうのであるが、その由来するところは遠く、氏や家を中心とする団体生活に源を発する。名を重んじ、義に生きる武士道の精神は、古く「海行かば水づく屍、山行かば草むす屍、大君の辺にこそ死なめ、顧みはせじ」と一族を挙げて忠節を誓った心の中に、「ますらをは名をし立つべしのちの世に聞きつぐ人も語りつぐがね」と歌った魂の中に、明らかにその萌芽《ほうが》が看取される。

そののち、武門武士が勃興するに及んで、かかる精神は主従関係を中心に育成、強化された。即ち、武門の棟梁に統率されて、一族郎党が身命を共にするという観念が現実の中から健かに成長した。この観念を中心に種々の徳目が付け加えられて、その内容は更に複雑となり、平安末期より鎌倉初期にかけて、力強い実践道徳が形成されるに至ったのである。

武士道の中心をなすものは、恩義の実践で、首長からすれば恩愛を施すことであり、家人からすれば、身命を擲《なげう》ってそれに報いることであって、かかる関係を義理という。しかも義理を貫ぬき、分を尽くすためには、更に幾多の徳性を具《そな》えなければならなかった。常に戦場に在る者として、特に武勇を尚《たっと》ぶのは当然であって、卑怯未練は最大の恥辱とされた。敵と戦うには、先ず名のりを揚げて祖先を明らかにし、その名誉にかけて堂々と奮戦した。額《ひたい》に矢は立つとも背《そびら》には立てじというのが戦場に於ける覚悟であり、随って、日常の修養、特に武技の錬磨が重んぜられた。

山野《さんや》に狩猟し、又、笠懸《かさがけ》・流鏑馬《やぶさめ》・犬追物《いぬおうもの》などによって武技を練り、質実を旨として、華奢の風を斥ける。蛮勇に陥らぬためには聡明な理智を必要とし、信義を重んじ所信を断行するためには、意志の鍛錬が重んぜられる。しかも、その反面には、冑《かぶと》に香を焚きしめ、箙《えびら》に花をかざす風雅や、水に溺れる敵兵を救う相身互の情が尊ばれる。

時宗留意宗乘積有年序建此
梵苑安止緇流但時宗無憶樹
有其根水有其源是以欲請
宋朝名勝助行此道煩詮英
二兄莫憚鯨波險阻誘引俊
傑禪伯歸來本國爲望而已
不宣
弘安元年戊寅十二月廿三日時宗
詮藏主禪師
英典座禪師

北條時宗自筆の書状

かかる修練を積むところに武士道は洗練されたのである。

しかし、武士道は主従の関係を基盤として発達したものであるから、統率者が大義に徹していなければ、おのずから一族郎等は順逆の道を誤ることとなる。その目標が君国の高きにある時、武士道は、大和魂や日本精神と同じく、始めて国民道徳として不滅の光を放つ。かくて元寇の際に活躍した将士や建武中興から吉野時代にかけて忠誠を尽くした勤皇の武将の中に、武士道の最も醇正《じゅんせい》な発揚を見ることができるのである。

第七章　建武中興

中興の精神

天皇親政はわが国体本然の姿である。幕府政治は、たとえその発生が時勢の然らしめたものとはいえ、これによって皇国の真姿がゆがめられたことは争われぬ事実である。故に幕府政治を否定し、万機親裁の時代を回復しようとする運動は当然起るべきであった。承久の御企《おんくわだて》はそれであったが、武士が大義の自覚を欠いたため、惜しくも成功に至らなかった。しかもその後、朝廷に対し奉る幕府の不遜は愈々加り、皇位継承の御事にまで容喙《ようかい》し奉るに至った。やがて後醍醐天皇即位あらせられるや、延喜の御代をしのばせられ、ひいては肇国の大精神に遡《さかのぼ》って公家中興の実《じつ》を挙げんと図らせ給うた。

即位後三年にして、御父後宇多天皇は院政を廃し給い、朝政は先ず本然の姿に復した。ここに天皇は、北畠親房・万里小路宣房《までのこうじのぶふさ》・吉田定房を始め、日野資朝《ひのすけとも》・日野俊基《ひのとしもと》らの人材を登用して政治の刷新を図り、記録所を置いて親しく政務を聞し召され、又、ひそかに諸方の武士及び社寺を動かして幕府討伐の御計画を進めさせ給うた。然るに正中の御企は敗れ、元弘の御再挙も、機未だ到らざるに幕府の知るところとなり、元弘二年三月、天皇は畏くも隠岐に遷幸あらせられた。この時に当り、護良《もりなが》親王は諸国に令旨を発して勤皇の将士を召され、楠木正成は赤

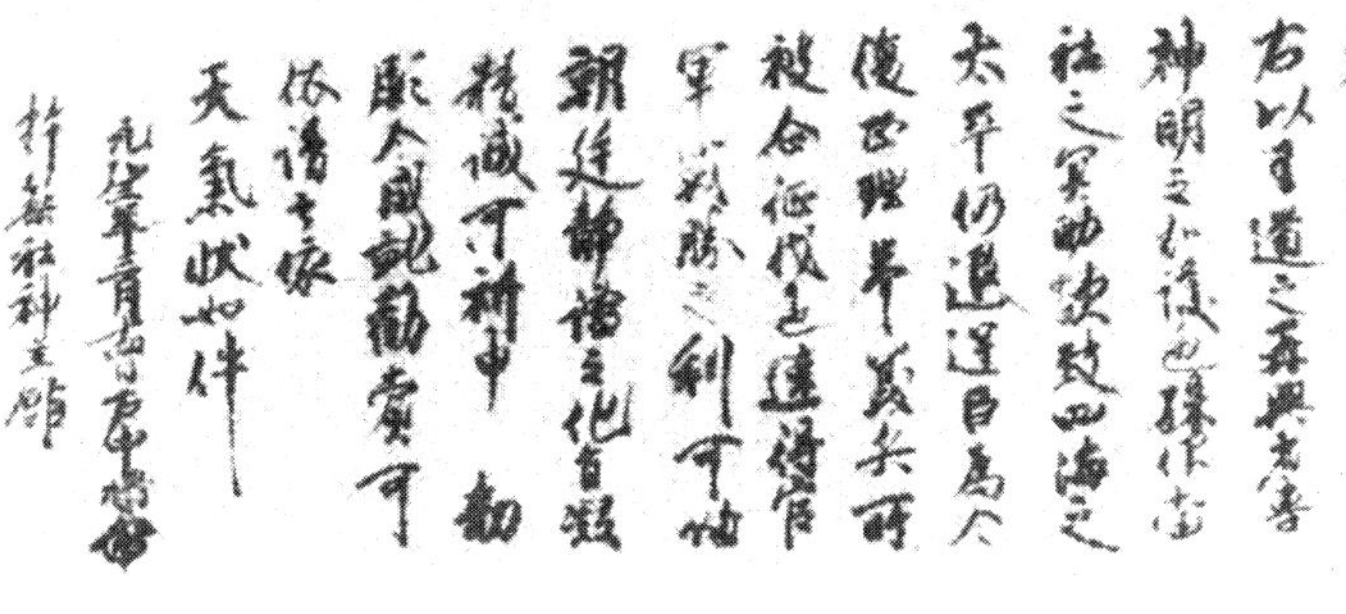

後醍醐天皇綸旨

坂城や千早城に拠って精忠よく敵の大軍を支え、遂に皇運挽回の機を作った。その間に、肥後の菊池武時、伊予の土居通増《どいみちます》・得能通綱《とくのうみちつな》、播磨の赤松則村《あかまつのりむら》らは、勤皇の義兵を興して所在に賊軍を破った。

元弘三年閏《うるう》二月、天皇伯耆《ほうき》に向かわせられるや、名和長年《なわながとし》は鳳輦《ほうれん》を船上山《せんじょうさん》に迎え奉った。五月、千種忠顕《ちくさただあき》・赤松則村・足利尊氏《あしかがたかうじ》らの軍は京都六波羅探題を陥れ、新田義貞・結城宗広《ゆうきむねひろ》らは呼応して鎌倉を陥れ、幕府は開設以来百四十余年にして倒れた。ここに天皇は、京都に還幸あらせられ、政権再び朝廷に帰して、建武中興の大業が成就したのである。建武中興は天皇親政の復古であり、皇国がその本然の姿に立ち返った時である。天皇は院政を認め給わず、武家政治を排し給うた如く、摂政・関白をも廃止せられ、統治の本義に悖《もと》る一切のものを斥けられたのである。中興政治の精神は、先の大化の改新、のちの明治維新と相通ずるものであり、まさに肇国精神の顕現にほかならない。

中興の政治

天皇は「今の先例は昔の新儀なり。朕の新儀は未来の先例たるべし」

との叡慮を以って新政を行なわせられた。中央には記録所・雑訴決断所《ざっそけつだんじょ》・恩賞方・武者所等の機関を設け、功臣・人材を選任あらせられた。地方には国司・守護を置き、特に奥羽には北畠《きたばたけ》顕家《あきいえ》をして、義良《のりなが》親王を奉じて多賀国府におらしめ、鎌倉には成良《なりなが》親王を下し、足利直義をして輔《たす》けしめられた。元弘四年〔一九九四〕は建武と改元され、新政はここに発足を見た。しかしながら、中央に於いては、公武の間に円満を欠き、地方また依然として複雑な土地領有関係にあり、特に武士には旧来の主従関係が堅持され、統一政治の実を挙げることは困難であった。更に論功行賞に関して不平を抱く者さえ現れ、足利尊氏の如きは、皇恩の篤《あつ》きを思わず、武家政治再興の野望達成の機をうかがうに至ったのである。大義を弁《わきま》えず、多年に亙って、武家主従の情実に慣れた輩《ともがら》は、私利私欲のために尊氏の懐柔に応じた。

勤皇の将士

建武二年尊氏は、中先代《なかせんだい》の乱に乗じて、遂に鎌倉に拠って叛き、やがて京都に攻め上ったが、間もなく破られて九州に走った。菊池武敏《きくちたけとし》は阿蘇惟直《あそこれなお》と共にこれを多々良浜に攻めて惜しくも敗れ、尊氏は勝ちに乗じて大挙東上した。ここに楠木正成《くすのきまさしげ》は、勅命を奉じて湊川に邀え撃ち、衆寡敵《しゅうかてき》せず、力戦奮闘ののち遂に壮烈な最期を遂げた。時に延元元年五月である。かくて天皇は比叡山に行幸あらせられ、尊氏は賊名を避けんとして豊仁《とよひと》親王を奉戴した。十月に到って尊氏は詐《いつわ》り降って天皇を京都に迎え奉ったが、天皇は間もなく吉野山に遷幸あらせられた。以後、後亀山天皇の京都還幸まで四代五十余年の間、皇居は概ねこの地方に在ったのである。この頃、北国には義貞が皇太子恒良《つねなが》親王及び尊良《たかなが》親王を奉じて金崎《かねがさき》城に拠っていたが、延元二年三月、城陥《おちい》って両親王は薨じ給い、翌年閏七月には義貞もまた藤島に戦死した。陸奥の顕家も義良親王を奉じて二年八月長駆西上し、途々賊軍を破って京都に迫った。しかし遂に力尽きて三年五月、二十一歳を以って石津《いしづ》に戦死した。かくの如く官軍の柱石《ちゅうせき》は相次いで倒れた時、宗良親王は遠江《とおとうみ》井伊谷《いいのや》城に入り給い、足助重治《あすけしげはる》・井伊道政らが親王を奉じて忠節を尽くし、親房は常陸《ひたち》小田城にはいって東国の官軍を指揮した。又、先に伊予に下り給うた懐良《かねなが》親王は、更に征西将軍として九州に向かわれ、菊池氏が親王を奉じて善謀勇戦し、かくて九州の官軍は諸国の中で最も優勢であった。

然るに延元四年〔一九九九〕の秋半ば、天皇は京都の回復を望み給いつつ、吉野に崩じ給い、義良親王が践祚あらせられた。後村上天皇と申し上げる。常陸に在った親房はやがて吉野に帰って天皇を輔佐し奉り、楠木正行《くすのきまさつら》また父の遺志を継いで屢々賊軍を破り、京都の回復を図った。しかし正平三年正月、正行が四條畷《しじょうなわて》に壮烈な戦死を遂げたのち、賊軍は吉野に迫り、天皇は大和の賀名生《あのう》に行幸あらせられた。これ以後、官軍漸く振るわず、足利氏は内訌《ないこう》を重ねて国内混乱を続けるうちに、後村上天皇に次いで長慶天皇立ち給い、次いで後亀山天皇が即位あらせられた。天皇は多年の戦乱による国民の苦痛を憐《あわれ》ませ給い、元中九年〔一三九二〕足利義満の奏請《そうせい》を容れて京都に還幸あらせられた。事ここに到るまで、後醍醐天皇の御志《おんこころざし》は歴代天皇の紹述し給うところとなり、諸皇子方は御身を以って聖旨の貫徹に努め給い、勤皇の将士は一家一族を挙げて皇事に殉じたのであって、その純忠至誠の精神は烈々として今行く末に伝わるのである。後世の史を読む者、皆この忠烈に感奮して挺身大義に殉ぜんとし、近くは明治維新の大業も、吉野時代への回顧がその原動力となったのである。

北畠親房は「およそ皇土にはらまれて忠をいたし命をすつるは人臣の道なり。かならずこれを身の高名と思うべきにあらず」と説いている。(神皇正統記)

中興の文化

わが国体に則《のっ》とり往古の淳風に復帰せんとした建武中興の精神は、又その文化に反映して燦然《さんぜん》たる光を放った。

後醍醐天皇は神・儒・仏を始め和漢の諸学に通暁《つうぎょう》あらせられたが、殊に歴史や故実に詳しくわたらせられ、御みずから「建武年中行事《けんむねんじゅうぎょうじ》」「日中行事」を著述遊ばされた。長慶天皇もまた、学問を好ませられ、源氏物語の注釈書たる「仙源抄《せんげんしょう》」を著し給うた。

北畠親房は常陸の陣中に「神皇正統記《じんのうしょうとうき》」を著し、その劈頭に「大日本は神国なり」と喝破し、神代から後村上天皇に至るまでの国史を述べて、わが無比の国体を明徴にし、皇位継承の正統を説いて大義名分を明らかにしている。

又、神道論が盛んとなり、宋学興隆の端緒が開かれるなど、この時代は教学方面に於いても活気横溢《おういつ》せる時代であった。

増鏡《ますかがみ》・太平記・新葉和歌集などの文学作品もまた勤皇精神の漲《みなぎ》るものである。増鏡は後鳥羽天皇の御生誕に筆を起して北條氏討伐の御事に及び、以後、後醍醐天皇の中興成就に至るまでの朝権伸張の次第を記している。太平記は後醍醐天皇・後村上天皇御二代五十年間の事歴を叙述したもので、流麗な行文に史論を交え故事を引用し、勤皇将士の忠勇義烈を余すところなく描写している。しかもその間に脈打つ尊皇思想は、読者をして国民精神を高揚せしめており、これを戦記文学の白眉というも過言ではない。

新葉和歌集は、宗良親王が後醍醐天皇・後村上天皇・長慶天皇御三代の御製を始め、吉野朝延忠臣の和歌千四百余首を撰ばせ給い、長慶天皇に奏進《そうしん》あらせられたものである。集中には勤皇殉難の精神や、切々たる忠誠の情を詠んだものが少くない。

後醍醐天皇御製
こゝにても雲居《くもい》の桜さきにけりたゞかりそめの宿と思ふに
後村上天皇御製
九重に今もますみの鏡こそなほ世をてらす光なりけれ
宗良親王御歌
君のため世のため何かをしからむすててかひある命なりせば

第八章　国内情勢の推移

室町幕府

後小松天皇即位ののち、足利義満は京都に幕府を開いた。その職制は鎌倉幕府に類似し、執権に相当するものに管領《かんれい》があり、その職に就く者は斯波《しば》・細川・畠山の三氏に限られていたので、三管領《さんかんれい》の称がある。その下に政所・侍所・問注所及び評定衆《ひょうじょうしゅう》があって、侍所の所司が最も重んぜられ、赤松・山名・京極・一色《いっしき》の四氏がこもぐ〳〵これを世襲したので、四氏を四職《しき》という。鎌倉に関東管領、九州に九州探題を置いたほか、全国に守護・地頭を配したことも鎌倉時代と同様であった。しかし、足利氏は名分《めいぶん》に悖《もと》り、利を以って部下を誘ったので、始めから統制力弱く、常に内部の紛乱が絶えなかった。将軍義教《よしのり》の時には、関東管領足利持氏《あしかがもちうじ》が反抗して永享《えいきょう》の乱が起り、義政の時には継嗣《けいし》問題から応仁の乱が起った。応仁の乱は全国の諸将が参加して、十一年の間京都を戦場としたため、市中は殆ど焦土と化し、内裏《だいり》・仙洞《せんとう》を始め奉り、多数の邸宅・社寺が焼滅し、累代の重宝や記録の烏有《うゆう》に帰したものも無数であった。しかも、争乱は地方に波及して所領の争奪戦となり、凡そ百年間、群雄割拠の状態が続くのである。武家相互の間には屢々戦が行なわれて弱小な者は次第に強大な者に併合され、中頃には大名なる者が生ずるに至った。

この時代は国内情勢が、かくの如く不安動揺が甚だしかった一面、室町幕府や大内氏による対明貿易及び辺民《へんみん》の私的貿易が活溌《かっぱつ》に行なわれ、又、大名が自領の産業開発や商工業の発達にも力を致したので、経済方面には頗る活気が漲って来た。農業も、この時代には、麦・茶・草棉《わたき》の栽培が漸く普及し、製塩業は藻塩《もしお》を焼く方法から塩田法に移り、瀬戸内海沿岸がその中心地となった。各地の鉱山開発が進むと共に露頭採集から進んで掘鑿《くっさく》が行なわれ、製錬法もこれに伴なって発達した。当時銅・硫黄等は刀剣と共に重要輸出品であった。工業は手工業ではあったが次第に専門化し、且つ地方にも分布するようになった。生産力の増大に伴なって商業が発達し、おのずから貨幣の流通が激しくなった。商業は定期市のほかに常時営業する店舗も出来、京都のほか奈良・堺・兵庫・鎌倉・小田原・博多・山口等の地方都市が繁栄し、大社寺の所在地には門前町が発達した。

群雄の分立

地方では、守護の権力が著しく強大で、始めは治安の維持と将軍家臣の統制を主要任務としていたものが、次第に地頭や荘官を自己の家臣となし、国衙領《こくがりょう》や荘園を侵してその家臣に分与するに至った。かくて荘園制は崩壊し、その領主であった公家や諸社寺が没落する反面、広い地域を一円に知行《ちぎょう》する大名が勃興するようになった。この傾向は応仁の乱を境として急速に進行し、更に各自がその領地の拡張を図るに及んで、群雄争覇の状態が現れた。守護として勢威を張った者には山名・大内・細川・島津・今川・武田等があるが、新しく擡頭した者も少くない。

関東では永享の乱後、足利氏の力が衰えて、執事上杉氏が実権を握り、やがて管領と称したが、間もなく扇谷《おうぎがやつ》・犬懸《いぬかけ》・山内《やまのうち》の三家に分れて互《たがい》に抗争したため、次第にその力を消失した。これに乗じて、伊豆に起った北條早雲は小田原城を本拠として相模を攻略し、氏綱・氏康二代の間に関東の大半を領有するに至った。東北では伊達氏が次第に優勢となり、中部には武田氏・上杉氏・今川氏等があったが、中央に進出したのは尾張の守護代織田氏であった。中国には周防《すおう》の大内氏に対抗して出雲の守護代尼子《あまご》氏があり、大内氏の滅亡後、その部将であった毛利元就《もうりもとなり》が両氏の版図を合わせ、十余箇国を領有するに至った。四国では細川氏の衰退後、長宗我部《ちょうそかべ》元親《もとちか》が勢力を張り、九州では肥前《ひぜん》の龍造寺《りゅうぞうじ》氏、豊後《ぶんご》の大友氏、薩摩の島津氏が有力で、中でも島津氏は九州南半をその勢力下に置いた。

これら諸侯は領土の拡張に努める一方、民力の休養に留意してその離脱を防ぎ、商人には種々の便宜を与えて、これを城下に集めた。

家臣の統制に就いては、特に細心の注意を払い、主従の関係を緊密にすることに努めた。武士相互間には物頭《ものがしら》・組頭《くみがしら》などを設けて組を編制し、直ちに戦時に役立つようにした。又、日常生活に関しても、その信仰・修養等にまで意を用い、武士たるの本分を守らしめた。施政や部下の統制のため、法制を定めた者も多く、北條氏の早雲二十一箇条、伊達氏の塵芥集《じんかいしゅう》、武田氏の信玄家法の如きはその主なものである。

皇室と国民

応仁の乱後全国に騒乱の状態が続き、皇室の御料地さえ、畏れ多くも、豪族の押領するところとなり、幕府もまた財政窮乏して、皇室の御用度《ごようど》を献ずることができなくなった。日常の御不自由は、申すも畏し、恒例・臨時の御儀式も闕《か》かせられ、即位の大礼さえ長年に亙って滞らせ給う御有様であった。しかし歴代天皇が国民を思し召す大御心は、いつの世にも変らせ給うことなく、常に君徳の玉成《ぎょくせい》に努めさせ給い、ひたすら国家の安泰と国民の幸福とを念じさせ給うたのである。後花園天皇は、足利義政が民の疾苦《しっく》を顧みず、土木の業を起すを見給い、御製の詩を賜わってこれを誡《いまし》め給うた。後奈良天皇は天文年間諸国に飢饉・疫病が流行した際、御みずから般若心経を書写し給い、その功徳によって民の憂苦を除こうと思し召された。しかもその奥書《おくがき》には、「朕民の父母として徳覆う能《あた》わず、甚だ自ら痛む」とさえ記し給うたのであって、御仁慈のほど、申すも畏き極みである。

御日常極めて不如意にわたらせられたにも拘《かかわ》らず、皇室の尊厳は毫も傷《そこな》わせられず、幕府が

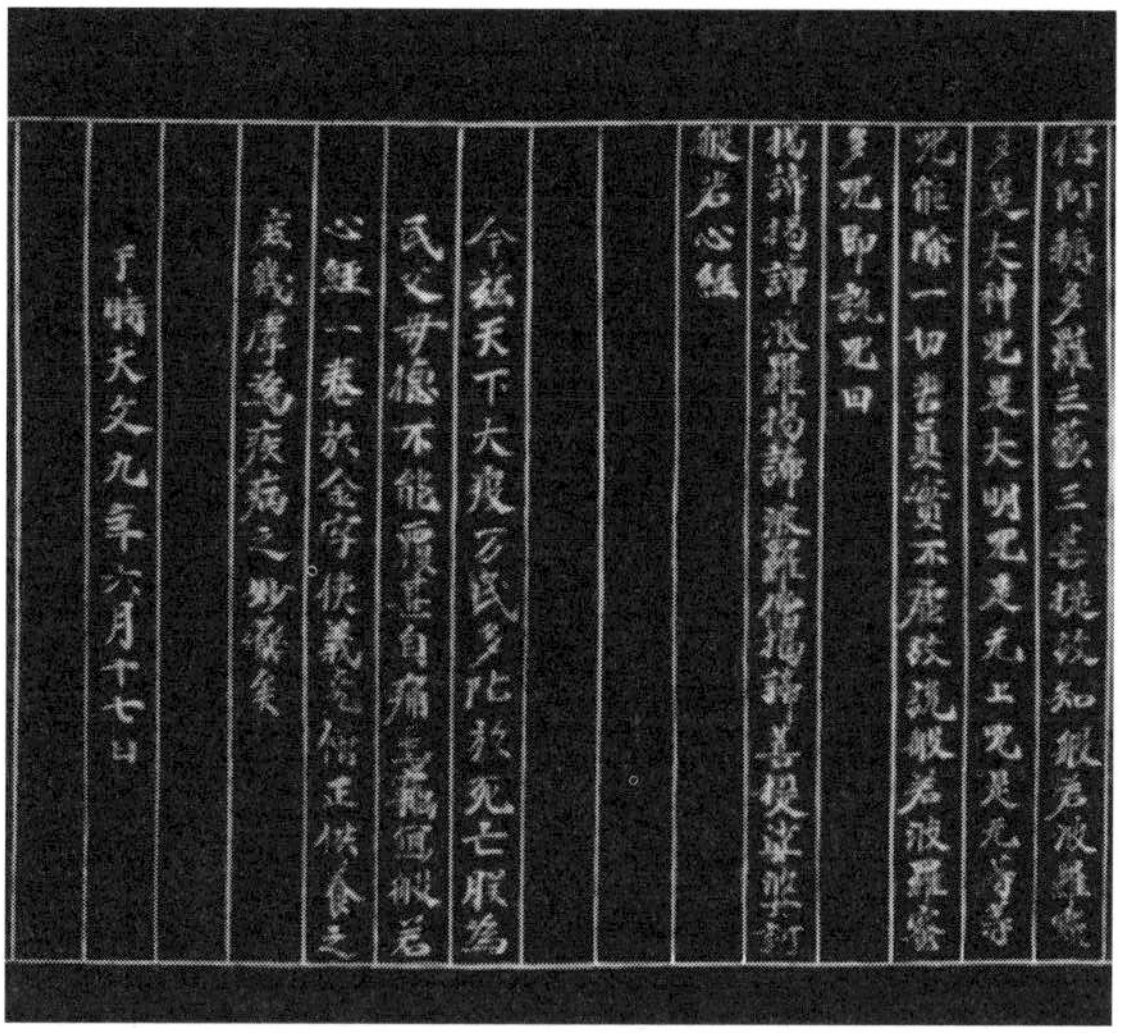
後奈良天皇宸筆般若心経

衰えたため却って国民は天日を間近く拝し奉るに至り、勤皇奉公の精神が盛んになって来た。殊に地方の豪族には朝廷から直接に官爵を賜わり、或は勅諚《ちょくじょう》を拝する機会を得て、感奮興起し、忠誠を尽くす者が相次いで現れた。六角高頼《ろっかくたかより》・本願寺光兼《こうけん》・大内義隆、毛利元就・織田信秀・今川義元・北條氏綱・朝倉孝景・長尾景虎（上杉謙信）らは、いずれも即位の大礼や皇居修理の御用度を献じ、或は神宮造営の御費用を奉ったのである。又、公卿の中にも自家の窮乏を顧みず、永年側近に奉仕して忠節を尽くし、或は地方豪族に遊説《ゆうぜい》して皇事に勤《つと》むべきことを勧めた三條西実隆《さんじょうにしさねたか》・山科言継《やましなときつぐ》の如き者もあった。かくて尊皇の精神は、期せずして国民の中に浸透し、群雄また皇室を奉戴《ほうたい》して、天下統一の素志貫徹に努めたのである。

海内統一

かかる気運に際会して、海内統一の端を開いた者は、京都に近く、土地も肥沃な尾濃《びのう》地方を根拠とする織田信長であった。信長は、父同様勤皇の心に篤く、永禄十年〔二二二七〕正親町天皇から御料所回復の勅旨を拝し、翌年京都に上って皇居を修造し、御料所を回復して勤皇の誠を致し、将軍義昭を助けながら、その間諸侯に号令し得る地位を築いた。天正元年には、不信の義昭を追って室町幕府を倒し、朝倉・浅井・三好らを滅し、三年には武田勝頼を三河の長篠《ながしの》に破り、十年に到ってこれを滅した。北陸では上杉氏の勢力が強かったが、謙信の死後、信長は加賀・越中方面を経略し、更に中国の毛利氏と相争ううちに、天正十年京都本能寺に於いて非業の最期を遂げた。永禄十一年から僅か十四年ののちであって、その経綸を実現する暇はなかったが、応仁の乱後、百年に亘る戦国騒擾《そうじょう》の後を受けて、よく畿内を平定し、朝儀を復興し、中絶せる典儀を再興した功は大きい。民政に於いても、関所をやめ、通行税を廃して交通の便を図り、農民に対しては不当の課役を省き、天正四年安土に築城してからは、商人を集めて自由な商業を営ませるなど、各方面に見るべき事績が少くなかった。

　信長の遺業を継承したのは、その部将羽柴秀吉であった。天正十一年〔二二四三〕大阪に広大な城郭を築いて本拠となし、十三年には四国、十五年には九州を経略し、十八年小田原の北條氏を滅して全国統一の業を成就した。その間、関白を拝命し太政大臣に任ぜられ、豊臣の姓を賜わった。天正十六年には聚楽第《じゅらくだい》に後陽成天皇の行幸を仰ぎ、御料所を献じ、諸大名をして皇室を尊崇し関白の命に違背せざることを誓わしめた。

秀吉は諸侯の配置に留意して地方の統制を固め、全国に検地を行なって土地制度や租税制度を確立し、刀狩を断行して民間の武器を没収し、兵農を分離して天下騒乱の禍根を一掃した。又、交通制度・貨幣制度等に全国統一の政策を実施し、商業貿易の発展に力を尽くしたため、経済活動は、とみに活況を呈した。文化もまた、時代の風潮を反映して、いわゆる桃山文化の豪華を生み、前代に見られた消極的な気分は全く地を払うに至った。

第九章　海外発展の諸相

海外発展

弘安の役後国民の海外発展心はとみに高まり、朝鮮・支那の沿岸に進出して貿易に従事する者が次第に多くなった。足利尊氏は天龍寺建立の費用を補うために元に商船を派遣したが、元は間もなく亡びて明が興った。義満はこれと協定して勘合制度を樹立し私貿易を禁止した。当時の主要輸出品は硫黄・銅等の鉱産物、刀剣・槍等の武器、扇子・屛風・蒔絵《まきえ》等の調度品であり、輸入品は銅銭を主として生糸・絹織物・薬品・書画・骨董であった。門司《もじ》・平戸《ひらど》・博多・坊津《ぼうのつ》・赤間関《あかまがせき》・尾道・鞆《とも》・兵庫・尼崎・大阪・堺等を発着港とし、支那海の季節風を利用して寧波《にんぽう》に向かうのが普通で、交易は主に北京で行なわれた。諸国の大名・社寺・商人などは幕府より勘合符を受けて通商を行なった。特に周防の大内氏は幕府の委託によって勘合貿易を司どり、最も富強を極めたが、戦国末葉に大内氏が亡びると、勘合貿易も自然に断絶し私貿易だけが盛んとなった。私貿易は前後を通じて最も活潑に行なわれ、大陸の沿岸は固より、遥か南方に進出する邦人も少くなかった。かれらの中には、平和に貿易の行なわれない場合、敢えて武力に訴える者もあり、明の辺民でこれに参加して騒擾を事とする者もあり、明衰亡の一因となった。かかる私貿易を統制し、これを国家経綸の一翼たらしめたのが秀吉であった。

秀吉は国内の統一を完了すると、引き続き海外の経略を企て、征明の軍を起した。文禄元年〔二二五二〕から慶長三年に及ぶ前後七年の外征は、敵情偵察の不十分、海軍力の不足、外交の拙劣、統帥の不備などによって所期の成果を揚げることはできなかったが、これにより国威を海外に宣揚し、国民の海外発展の気運を著しく促進した。

ヨーロッパ諸国との関係

当時ヨーロッパ諸国は、植民地の獲得、カトリック教の布教地開拓に狂奔《きょうほん》し、中でもポルトガル・スペインの両国は、他に先んじて東洋に進出し、珍奇な物資をヨーロッパに送って多大の利益を占めていた。天文十二年〔二二〇三〕ポルトガル人がわが種子島に漂流したのは、そのインド到着から既に五十年を経たのちの事であった。かれらはマカオを根拠地として南洋貿易・支那貿易に従事し、更にその触手をわが国まで伸し来たったのである。従来東亜のみに限られていたわが対外関係は、ここにポルトガル人の来航によって、ヨーロッパ諸国との交渉にまで発展した。しかもかれらとの貿易は、わが経済活動に大なる刺戟を与えたばかりでなく、鉄砲の輸入やいわゆるキリシタンの伝来は、国民生活の上に甚大な影響を及すに至った。殊に諸大名は、貿易の利を求め、且つ新兵器の輸入を望んで、キリシタンの布教を許したので、この宗教は短期間に九州・中国から畿内諸地方に普及し、更に関東・東北にまで及んだ。信長は、政策上これを保護し、大名中にはみずから信者となって領民に勧めた者もあり、中でも、大友・大村・有馬らの如きは最も熱心で、天正十年少年使節をローマ法王庁に派遣したほどであった。やがて秀吉が海内統一の業を進めると、かれは、キリシタンが国家の害毒になることを察し、天正十五年、九州征討の際に布教を禁じ、且つ宣教師の退去を命じた。しかし、国民の信仰を黙認し、貿易は依然これを奨励するという態度であったから、まだ徹底的な禁教ではなかったのである。

一方スペイン人は、西方航路によってアメリカ大陸に達し、ノビスパニア（メキシコ）を根拠地として更に太平洋に出で、フィリピンを東洋に於ける基地とした。かくてポルトガル人に後れること四十余年、天正十二年、始めて平戸に入港したが、対日貿易はポルトガル人ほど積極的ではなかった。

その後ヨーロッパの国際情勢に変動を生じ、スペインが漸く衰え始めると、英国及びオランダの擡頭となり、両国もまた東洋侵略を開始した。わが慶長五年〔一六〇〇〕英国の東インド会社が設立され、同七年にはオランダの連合東インド会社が組織され、その活躍の基礎が確立

砲術指南

した。恰《あたか》も慶長五年、蘭船が豊後の臼杵《うすき》湾に入港し、同船には英人ウィリアム・アダムスが乗船していたので、ここに日蘭・日英の関係が同時に開始されることとなったのである。やがて慶長十四年、蘭船は平戸に入り、幕府の許可を得てこの地に商館を設立し、日蘭通商が正式に開始された。同十八年英船も平戸に入港して商館を開いた。幕府はかれらに自由貿易を許し、関税免除・治外法権賦与等あらゆる便宜を与えたため、両国はそれぐ\強力な東インド会社の統制下に対日貿易に乗り出し、ポルトガル・スペインの勢力と相鬩《せめ》ぐこととなった。

江戸幕府は最初外国貿易を重視し、ノビスパニアとの直接取引きを開き浦賀を開港場とすることなどを計画し、やがて慶長十八年には伊達政宗が支倉六右衛門《はせくらろくえもん》をノビスパニア・スペインに派遣し、ノビスパニアとの通商条約を締結せんとした。しかし幕府のキリシタンに対する態度は、秀吉のそれと異なるところなく、先ずこれを黙認し、やがて幕府の基礎が確立するに及んで弾圧を開始した。当時信徒の増加著しく、慶長五年には約三十万、同十五年には約七十万に達し、その地域も西国は固より、関東から更に蝦夷地〔今の北海道〕まで及んだ。かくてキリシタンの勢力が国内統一の支障となることが次第に明瞭となるや、幕府は遂に葡《ほ》・西《せい》両国との通商をも断絶せんとするに至った。幕府のキリシタン弾圧は慶長十七年に開始され、寛永元年には先ずスペインとの関係を絶った。これと相前後して幕政強化の目的から貿易の統制を進め、元和二年には蘭・英両商館の貿易を平戸と長崎のみに制限し、江戸・駿府《すんぷ》・京都・大阪・堺など

出島

の代理店は悉く閉鎖された。かくて蘭・英両国の間に激烈な商戦が開始され、英国は競争に敗れて、元和九年平戸の商館を閉鎖し、わが国との交渉を絶った。そののち、寛永十年には奉書船を除く邦人の海外渡航を禁じ、十三年には渡航・帰朝共に固くこれを禁じた。次いで十四年から十五年にかけて島原の乱が起るや、翌十六年〔二二九九〕ポルトガル人の来航を禁止し、ここに鎖国策は略々《ほぼ》完成した。十八年にはオランダ人を平戸から長崎の出島に移し、以後オランダはヨーロッパ諸国中唯一のわが通商国として貿易を継続したのである。

南方発展

勘合貿易が中止され、又、明がわが商人の私貿易を弾圧した結果、対明貿易が杜絶したので、邦人は更に南方に赴き、出会《であい》貿易によって支那の物産を求め、或はその地の産物を購入することとなった。しかも、欧人に一歩を先んじたわが南洋貿易は、やがてかれらの東漸に反撥して益々活気を呈するに至った。秀吉の如きは、かかる東亜の形勢に鑑み、皇国を中心とする大東亜の経綸を行なわんとした。文禄・慶長の役はその端緒であり、既に天正十九年、ポルトガル領インドのゴアの総督に対し、キリスト教禁止、貿易許可を旨とする書状を与え、フィリピンには速かに来降することを命じ、更に文禄二年、高山国即ち台湾に対しても入貢を求めようとした。邦人の南方進出は、かかる雄心壮図に刺戟されて、愈々積極的となり、朱印貿易の興隆を見るに至ったのである。江戸幕府また秀吉の方針を継いで、海外渡航者に保護を加えた。朱印船の渡航地は安南・暹羅《しゃむ》（タイ）・呂宋《るそん》・柬埔寨《かんぼじあ》等が主で、これを出した者には大名・旗本・商人のほか、支那人やヨーロッパ人も混っていた。朱印船の活躍はおのずから渡航地に多数の居留邦人を生ぜしめ、ここに日本町《にほんまち》の形成を見るに至った。江戸初期に形成された日本町は、交趾《こうち》のフェフォ・ツーラン、柬埔寨のビニャールー・フノンペン、暹羅のアユタヤ、呂宋のディラオ・サンミゲルの七箇所で、いずれも慶長から元和の頃に営まれたものである。その他、各地に分散的に居住する者が多数あっ

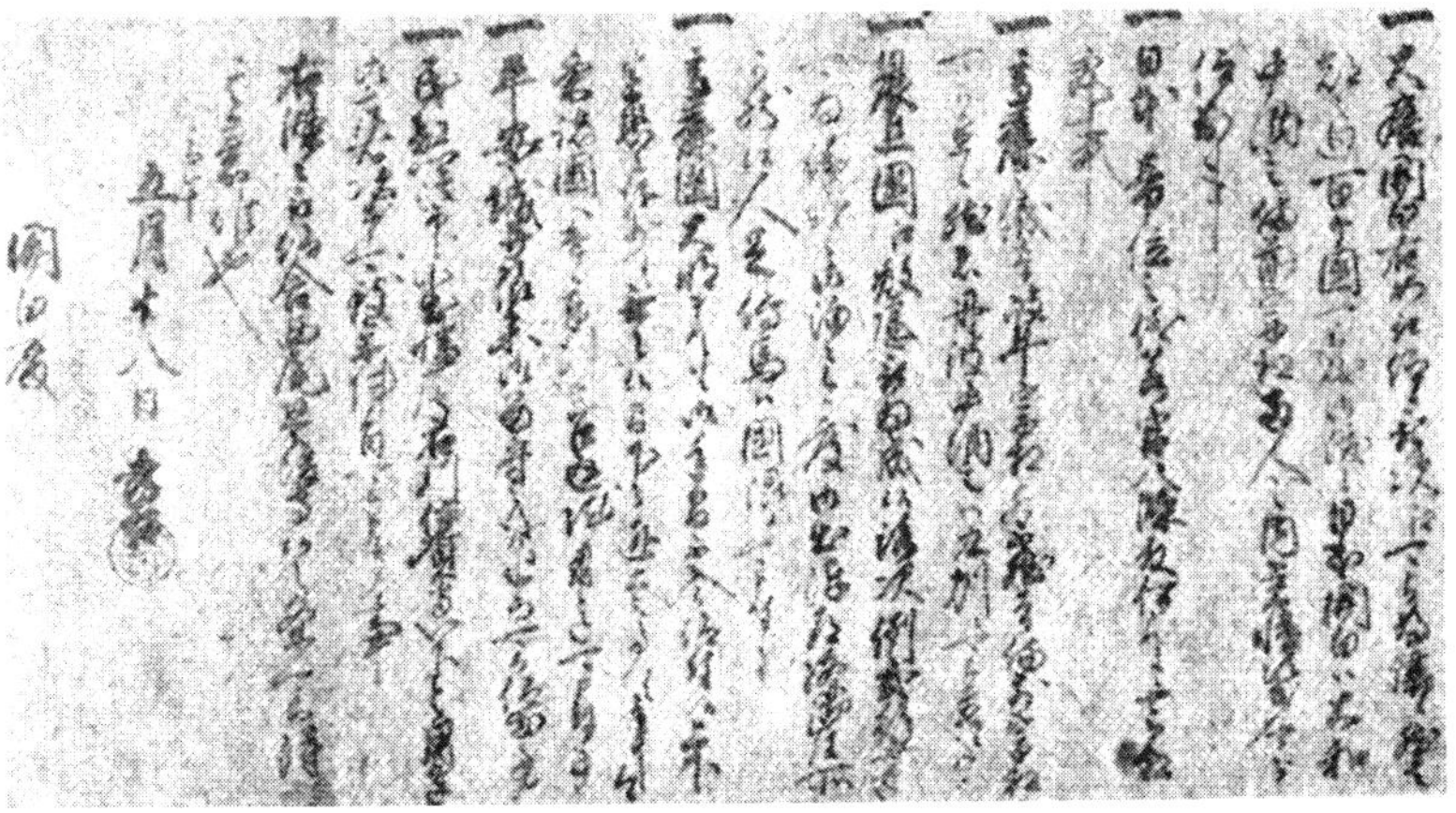

秀吉の雄図

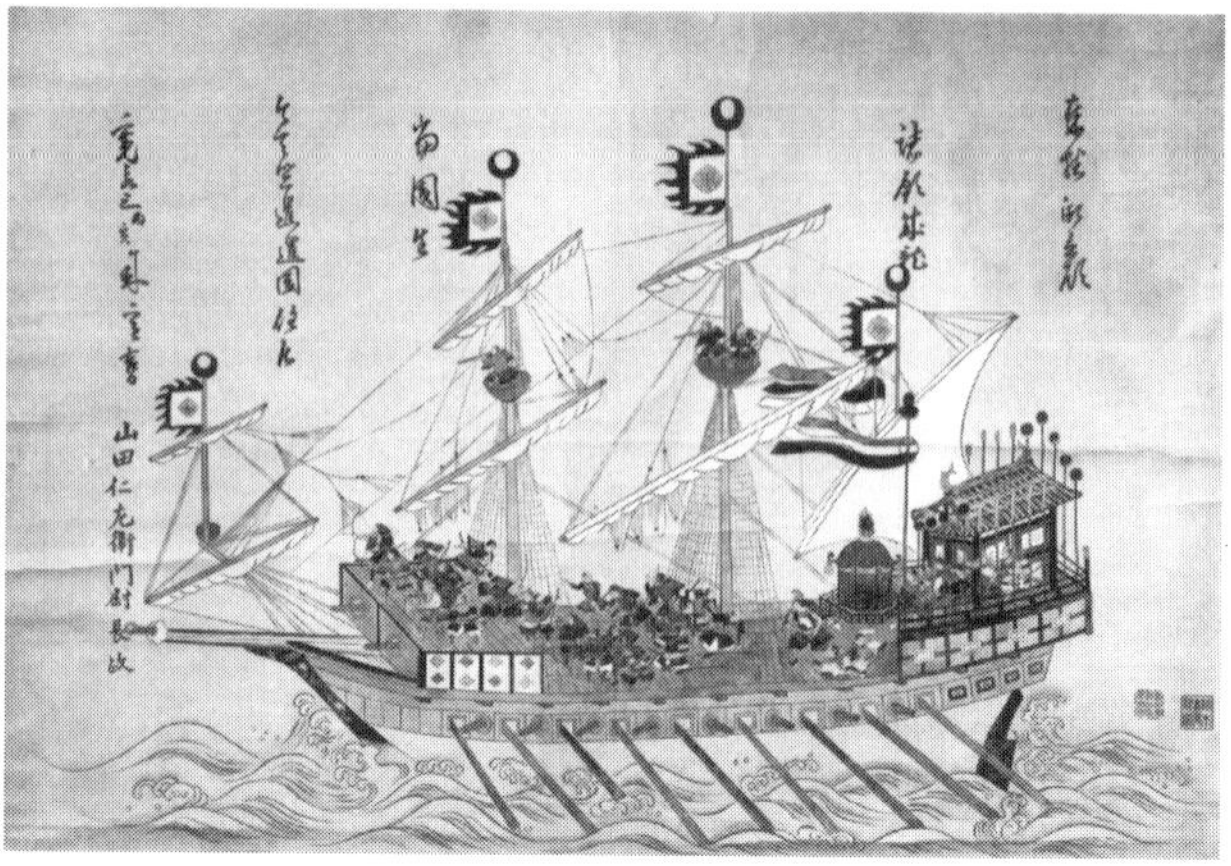

山田長政の奉額

たことはいうまでもない。然るに、鎖国の断行によって海外発展は根柢から覆され、数十年後には、隆盛を誇った日本町も全く影を没することとなったのである。

朱印貿易興隆の要因は、邦人の海国民としての伝統的資質と、造船術・航海術の発達、幕府の保護・奨励等によるものであるが、同時に、当時銀を主要な通貨とした東洋市場に於けるわが国の資本の優越によるものであることを忘れてはならない。邦人やポルトガル人に後れて東洋貿易を開始したオランダ人は、南方市場から邦人を後退させ、更にわが国からポルトガル人を締め出すために、キリシタン布教の危険を誇張して、わが幕府を動かそうとした。幕府は不覚にもオランダ人の謀略に乗り、しかも、常に徳川氏中心の封建体制の確立・維持を念頭においていたため、遂に鎖国の断行を敢えてするに至ったのである。幕府は鎖国によって、国内の統制を確立したが、邦人の海外発展を一挙に閉鎖し、多数在外邦人をして、徒《いたず》らに骨を異域に埋めさせたことは、まさに遺憾の極みというのほかはない。

第十章　江戸幕府と諸藩

封建制度

封建制度は主従関係と封土《ほうど》関係を主な要素とするもので、わが国では荘園の中にその萌芽を発し、鎌倉期に幕府の家臣が守護・地頭として全国に配置されるに及んでその基礎が出来上った。始めは荘園制度の上に封建関係が立てられていたが、守護や地頭の権力が次第に増大して複雑な荘園制度が崩れ、遂には土地に対する武士の支配権が単一になって来た。この傾向は、室町期に入って一層進捗し、信長や秀吉の統一はこれを全国的にした。ここに知行制度を基礎とする近世的な封建制度が完成し、江戸幕府がそれを引き継ぐこととなった。

土地制度は、律令制度が崩壊したのちは、荘園ごとにその組織を異《こと》にする極めて複雑なものであったが、秀吉以後、全国に亙って土地調査や戸口《ここう》調査が行なわれ、租税制度が統一された。又、士・農・工・商の身分制が判然と定められて、職業の転換や住居の移動は自由にできないようになった。武士や商人は殆ど城下町に集められ、農村には純粋な農民だけが置かれた。これは商工業の発達が、自給自足経済を基とする封建制度を動揺させるので、これを制限して封建制度の維持・強化を図るためであった。幕府がキリシタンを禁じ、貿易を統制し、遂に鎖国策を執るに至ったのも、封建制度の維持が大きな原因であった。このようにして、信長・秀吉から江戸幕府にかけて、土地制度・貨幣制度・度量衡などを統一すると共に、社会組織もまた固定したのである。これを近世的封建社会という。

　このようにして、幕府を中心とする封建制度は確立したが、これを他国のそれに比較すると著しい相違がある。即ち、支那の古代やヨーロッパ中世の封建制度に於いては、封建君主を中心として国家が組織されていた。然るにわが皇国に於いては、国体の尊厳はいつの世も変ることなく、征夷大将軍は天皇の補任せられるところであった。武家が政治を専《もっぱ》らにすることは、固よりわが国体上容認しがたいものであったが、又、このような形に於いて封建制度が組織せられたことは、わが国体の然らしめるところである。

幕府の組織・制度

　関原の合戦後、徳川氏は豊臣氏に代って政権を握ることとなり、家康は慶長八年〔二二六三〕征夷大将軍に任ぜられ、江戸に幕府を開いた。

江戸幕府の職制は、徳川氏が三河の大名であった頃の職制を必要に応じて拡充し、家光の頃に漸く整ったものである。中央には大老・老中《ろうじゅう》・若年寄などがあり、大老は一人で、幕政の大事に与るものであるが、常置の職ではなく、通常は老中が政務を総轄《そうかつ》した。老中は数人あり、朝廷の御事を始め、大名・財政・外交等に関する一般行政を司どった。若年寄は老中を助けて重要政務に与ると共に、主として旗本・家人の支配に当った。老中の下に寺社奉行・江戸町奉行・勘定奉行の三奉行があり、行政・財務・司法等の実際政務に携った。これらはいずれも数名あり、月番で事務を執った。

地方には、京都所司代・大坂城代・駿府城代があり、奈良・伏見・山田・日光・佐渡・長崎などの要地には、奉行を置いてその地方の行政及び司法を司どらしめ、その他の幕府直轄地には郡代《ぐんだい》又は代官を置いて民政に当らしめた。

大名は、徳川氏との関係によって、親藩・譜代・外様の三種に大別されたが、幕府は特にその統制に意を用い、大名の配置も大小・親疎を打ち交えて互に牽制させるようにし、親藩と譜代は重要地域に置き、有力な外様大名は概ね僻遠の地に封じた。幕政に参与するものは親藩・譜代の大名及び旗本であって、外様大名は幕政に与ることができなかった。又、大名に対して証人を提出させ、参勤交代制度を設け、屢々土木事業を課したほかに、武家諸法度を定めて大名の行動に厳重な束縛を加えた。これらの義務に違背したり、幕府の意にかなわなかった場合には、改易・減封・国替《くにがえ》等の処分を行なった。かくの如く幕府の大名統制策は頗る巧妙であったので、幕末に到るまで大名の反抗は全くなかった。

当時、農業は経済生活の基《もとい》をなしており、農民は全国民の八割以上を占めていたから、これに対する政策は最も重視された。即ち、農民の移転や転業の自由を許さず、又、田畑の売買・

質入・分家などにも制限を設け、農民が土地から離れることを極力防止した。農村の支配機関として、幕府の直轄地には勘定奉行の下に郡代・代官があり、その下に農民の中から選んだ庄屋（名主《なぬし》）・組頭・百姓代《ひゃくしょうだい》などの村役人があった。村民には五、六戸から十戸内外を一組にして五人組を組織せしめ、連帯責任・相互検察・相互扶助の義務を負わせた。幕府は大名・旗本に対して、その政治に直接干渉することはしなかったが、大名も旗本も、概ね幕府の方針に準じて領内を治めた。

財政政策としては、農業生産力を確保するほかに、鉱山の採掘を重視した。佐渡・石見《いわみ》・伊豆・足尾等の諸鉱山を直轄して全国鉱産の大部分を手中に収め、以って貨幣制度の確立に資した。のちに幕府財政が不足を告げるに及んでは、貨幣の品質を落し、その出目《でめ》によって財政を補ったり、都市の商工業者から、地租・運上《うんじょう》等を徴し、又、幕末には大商人に対して、御用金を課することが行なわれた。当時は、米穀生産が諸産業中最も重要な地位を占め、年貢は米を以って収められ、武士の封禄も米を以って給せられたのであるから、米価の安定は、国民生活の上に極めて重要なことであった。その方法としては、豊年に於ける貯穀策、凶年に於ける払下政策などが執られ、又、地方的には常平倉《じょうへいそう》・社倉《しゃそう》・郷倉《ごうそう》などを設けて、米価調節及び飢饉対策に資した。

貨幣制度は、江戸幕府に到って全国的に統一され、金・銀・銭《せん》三種類の貨幣が発行された。

その鋳造は、金座・銀座・銭座《ぜにざ》の商人に請け負わせた。金貨は両・分・朱、銀貨は貫・匁、銭《せん》貨《か》は貫・文を以って数え、その交換の比率は時によって変動したが、凡そ、金一両は銀六十匁《もんめ》、又は銭四貫文に相当した。紙幣は幕府自身はこれを発行しなかったが、各藩に於いては、その領内に限って通用する藩札を発行した。貨幣制度の確立に伴ない、商品の流通が促進され、商人や金融業者の擡頭が著しくなった。

幕政の推移

家康から家光に至る凡そ五十年間は、幕府の創業期で、その職制も重要政策もこの間に整備した。江戸幕府は鎌倉幕府と異なり、軍事・警察は固より全国の一般行政及び外交も司どったが、幕政の眼目は、武家中心の社会組織即ち封建制度を維持することであった。それには、幕府に反抗する虞《おそれ》のある大名を悉く処分し、又、農民に対する統制策をも確立し、更に、鎖国によって外交・貿易の統制を完全ならしめ、キリシタン問題をも解決した。随って家綱から家継に至る間は、最も平穏な時期であった。綱吉は朝廷尊崇の念に篤く、又、頗る学問を愛好したので、京都との関係も円満となり、文運もまた興隆し、世に元禄時代と称せられる盛時を現出したが、晩年に到って生類憐みの令を発して国民に非常な苦痛を与えた。幕府財政も漸く困難となり、貨幣の改鋳《かいちゅう》などによって急を凌ぐ有様であった。

家宣・家継の時代は、新井白石が政務に参与して政治の改革に当り、閑院宮家《かんいんのみや》の御創立に力を致し、朝鮮来聘使《らいへいし》の待遇問題に力を尽くした。又、金・銀貨の流出防止のため長崎貿易に制限を加えたり、頻《しき》りに京都の公家風を江戸に移したりした。

次いで吉宗は、開幕当初の簡素な風を復活せしめ、産業の発達や司法制度の整備に努めた。これを享保の改革という。吉宗の没後、老中田沼意次《たぬまおきつぐ》が権を振るうに及び、綱紀紊乱して賄賂が盛んに行なわれ、士風は全く地に落ちた。その上、天明の大飢饉によって、東北地方には餓死する者多く、江戸・大阪等に於いても、細民《さいみん》の一揆や暴動が勃発した。かかる際、老中となったのは松平定信であった。定信は、財政を整理し倹約を励行し、文武を奨励し、又、当時露船等がわが近海に出没したため、みずから海防のことに奔走するなど、その治績に見るべきものがあった。これを寛政の改革という。

その後、文化・文政の頃は、将軍家斉《いえなり》が幕政を左右して再び紀綱が弛み、一般に太平を謳歌する風潮があったが、既に封建社会の行詰りが到る所に現れて来た。家慶《いえよし》の時、水野忠邦が老中となって、いわゆる天保の改革を企てたが、その手段が余りに過激に失した上に、幕政の振粛は極めて困難な状態に立ち到っていたため、殆ど見るべき効果はなかった。かくて、幕府の支配力は漸く動揺し始め、且つ外国との関係が次第に緊迫して、ここに幕末多端の時代を迎えるのである。

諸藩の治績

幕府は重要な国務をみずから制して、中央集権の実を挙げ、二百数十の諸藩も、施政の大綱は幕府のそれにならったが、それぐ〳〵の藩情によって施設を異にする場合もあった。当代は、各藩割拠の状態であったから、諸大名は、競って領内の治安維持及び開発教化に努力し、藩治の成果に見るべきものが少くなかった。

水戸藩主徳川光圀《とくがわみつくに》は、民政に意を用い、屢々領内を巡視して孝子《こうし》や節婦《せっぷ》を表彰し、学問を奨め祭祀を尊ぶと共に、牧場を開き、漆・楮《こうぞ》を植えしめるなど、殖産興業に努めた。更にその事績の最大なるものは、大日本史の編纂に着手したことである。光圀が修史の志を起したのは十八歳の時であるが、史館を設けて業を始めたのは明暦三年、三十三歳の時であった。爾来、殆ど水戸藩の財を傾けてその事業を遂行し、光圀の薨後も歴代藩主がその志を継ぎ、この完成を見たのは、二百五十年後の明治三十九年であった。修史事業として、まさに東西古今にその比を見ないものである。この事業を一貫する精神は、大義名分を明らかにすることであり、これを通じて水戸学が発達し、幕末の勤皇思想に重大な影響を及したのである。

会津藩主保科正之《ほしなまさゆき》は家光の弟で、保科家を継いた。四代将軍家綱を輔佐して幕政に当り、大名没後に於ける家臣の殉死を禁じ、江戸の用水として玉川上水の開鑿《かいさく》を行なうなど、その治績は大いに上った。山崎闇斎《やまざきあんさい》・吉川惟足《これたる》に師事して神道を信奉し、正祠《せいし》を修復し淫祠《いんし》を廃却した。又、租税を軽減し社倉法を行なって備荒貯蓄《びこうちょちく》をなすなど民政にも意を用い、藩学稽古堂〔日新館〕の教育を盛んにし、領内の歴史・地理を調査して新編会津風土記を編纂せしめるなど、学問・教育に尽くすところもまた少くなかった。

加賀藩主前田綱紀《まえだつなとし》も、名藩主の誉が高い。その母は光圀の姉、夫人は正之の女《むすめ》であって、光圀と正之の感化を受けて好学の天性は更に磨かれた。松永永三・木下順庵等を聘《へい》して学問に励み、殊に朝儀・典礼に通じて「職原翼考」を著し、又、尊経閣《そんけいかく》を建てて東西古今の珍籍を蒐集し、殆ど幕府の紅葉山文庫に比肩すべきものがあった。その好学によっておのずから尊皇思想が深められた。即ち吉野時代の忠臣を敬慕して、その事績の顕彰に努め、狩野探幽《かのうたんゆう》に楠公父子訣別の図を描かしめ、朱舜水《しゅしゅんすい》にその賛を求めた。光圀の湊川建碑《けんぴ》に先立つこと二十二年であって、この賛文は湊川の碑陰《ひいん》にも刻まれて世《せ》人《じん》に多大の感銘を与えた。

岡山藩主池田光政は、資性豪邁《ごうまい》にして身を慎み諫《いさめ》を容れ、礼儀を重んじ仁恵《じんけい》を施し、藩治に当ること五十七年、その抱負・経綸は備前一国に遺憾なく発揮された。学問・教化の力を重視し、熊澤了介を聘し、花畠《はなばたけ》学舎・閑谷《しずたに》学校を設け、自身の編著も二、三に止らない。民政に当っては、荒地を開き水利を起し堤防を築いて、水旱《すいかん》の災《わざわい》を防ぐなど、明君の称天下に聞えた。

米沢藩主上杉治憲《うえすぎはるのり》は、晩年鷹山《ようざん》と号した。十七歳にして封を継ぐや、「うけつぎて国の司の身となれば忘るまじきは民の父母」と詠じ、春日神社に誓詞《せいし》を納め、家中へ倹約令を発してみずから範を垂れた。農民の負担を軽減し、農耕技術の指導、新田の開発等に力を尽くして農村の振興を図り、養蚕・染織・漆塗等を奨励して殖産興業の途を開いた。これがため、天明の大飢饉には、その領内に飢民を出さなかった。又、細井平洲に師事して、城下に興譲館及び武館を建設し、文武の奨励に努めるなど、治績大いに上り、将軍家斉より治藩の功を賞せられるに至った。

白河藩主松平定信は田安宗武《たやすむねたけ》の子で、吉宗の孫に当る。天明七年、三十歳にして老中首座《しゅざ》となり、家斉を輔けて寛政の改革を断行したのである。藩治に於いては質素倹約を以って衆を率い、産業を興し備荒貯蓄を奨め、目安箱を設けて民意を徴し、貧民を救恤《きゅうじゅつ》し、又、藩校立教館を建てて藩士の子弟並びに庶民の教育に力を尽くし、風俗を粛正しあまねく徳化を施した。晩年は風月を友として文学に親しみ、三草集《みくさしゅう》・花月草紙《かげつそうし》等を著し、世に白河楽翁《しらかわらくおう》と称せられた。

水戸藩主徳川斉昭《とくがわなりあき》は、幕末内外多事の際に封を継いだ。光圀以来の伝統を承けて尊皇の志篤く、水戸学はここに実を結び、維新の大業に寄与するところ甚大であった。襲封《しゅうほう》の初めに文武奨励の諭告を発し、次いで弘道館を設立し、神道・儒教を基とし、忠孝不二、文武不岐を目的とし、且つ学問と実践と一致せしめた。これには藤田彪《ふじたたけき》〔東湖〕・会澤安《あいざわやすし》〔正志斎〕・武田正生《たけだまさなり》〔耕雲斎〕等の輔翼するところも少くなかった。藩治に当っては、領内諸所に郷倉を設けて郷士・村吏その他庶民の有志に学ばしめ、各郷村には義倉を設けて貯蓄の風を起し凶歳に備えしめた。又、世局に応じて神勢館を設け、銃砲の演習を始め、大砲の設計や火薬の研究を行なわしめ、反射炉を築いて大砲を製造せしめると共に、軍制を改革して農兵を編成し、洋式の長所をも採用した。米艦来航以後は出でて幕政に参与し、その言説は、一世に重きをなした。

薩摩藩主島津斉彬《しまづなりあきら》もまた、幕末多端の間に処し、皇室尊崇の精神に徹し、深い識見を発揮し、極めて進取的な施政を行なった。薩藩の財政は、重豪《しげひで》の時大改革を行なって稍々《やや》余裕を存していたが、斉彬は一般の経費を極力倹約せしめ、専ら産業の振興と国防の充実とを図った。これがために、花園製煉所〔後に開物館と称す〕及び集成館を設けて各種の技術を研究、利用した。製煉所は理化学的技術を試験する所で、硫酸・硝酸・塩酸・綿火薬・酒精《しゅせい》・硝子・洋式搾油器械等の研究や製造をなし、これを集成館その他で事業化した。集成館には反射炉・熔鉱炉のほかに硝子・陶磁器・農具・刀剣・氷白糖・膠《にかわ》など各種の製造所があり、蘭書から新知識を学んでこれを利用した。又、ガスを研究して庭中の石燈籠に点じ、更に市中の点燈を企て、電気を用いて通信を行ない、地雷・水雷の爆発を試み、のちに文久三年薩英戦争の際、薩藩は電気装置の水雷を敷設したほどである。集成館の諸事業に従事する者は日々千二百余人に及び、動力は主として水車を利用した。斉彬は国防の急に備えて西洋型帆船・蒸気船を製造し、陸海軍の編成・装備を一新した。又、教育に意を用いて、重豪が創設した造士館・演武館等の学風を改め、学問は文章・訓詁《くんこ》に堕せず、武術は末派《まっぱ》に拘泥《こうでい》しないように戒《いまし》め、四書・五経等の漢籍及び遠西奇器述《えんせいききじゅつ》・航海金針《こうかいきんしん》等の洋学書をも出版している。明治維新に於ける薩藩活躍の基礎は、この時に確立されていたのである。

以上のほか、尾張藩主徳川義直・紀伊藩主徳川頼宣・熊本藩主細川重賢《ほそかわしげかた》・長州藩主毛利重就《もうりしげなり》等も、それぞれ治績を揚げ、世に名藩主の誉が高い。

第十一章　文運の興隆と産業の発達

教学の振興

列聖御好学の御事は申すも畏き極みであるが、後陽成天皇・後水尾天皇・後光明天皇は和漢の学問に御造詣深くましましたから、おのずから公卿一般も学問を励み、文運は先ず京都に興った。後陽成天皇は久しく中絶していた朝儀を再興し給い、文禄二年には活字を以って古文孝経を印刷せしめられ、その後、日本書紀神代巻・大学・中庸・論語・孟子・職原抄等を印刷せしめて侍臣《じしん》に頒賜《はんし》あらせられた。後水尾天皇は国史・国文・制度に精通し給い、三十余種の御撰《ぎょせん》があるが、特に「当時年中行事」は、禁中公事の御再興、ひいては朝威の復興を期し給う叡慮の現れと拝し奉るのである。後光明天皇もまた典礼・制度の復興に御心を用いさせられ、又、朱子学を採用して朝廷の御学風を清新ならしめ給うた。かくの如く歴代の天皇は、大御心を民《たみ》草《くさ》の上に注ぎ給うと共に、朝儀再興を図り給うたので、京都の学問はおのずから古典の研究を主体とするに至り、やがて復古思想・尊皇論を発達せしめる母体となった。

幕府に於いても、家康は藤原惺窩《ふじわらせいか》・林羅山を招いて書を講ぜしめ、又、古書の蒐集・謄写・刊行の業を興した。その後代々の将軍も文教の奨励に意を用い、諸大名中にも書籍の蒐集・編纂・刊行及び学校の設立などに力を尽くすものが多かったので、学問は空前の隆盛を見た。従

山崎闇斎筆垂加中訓

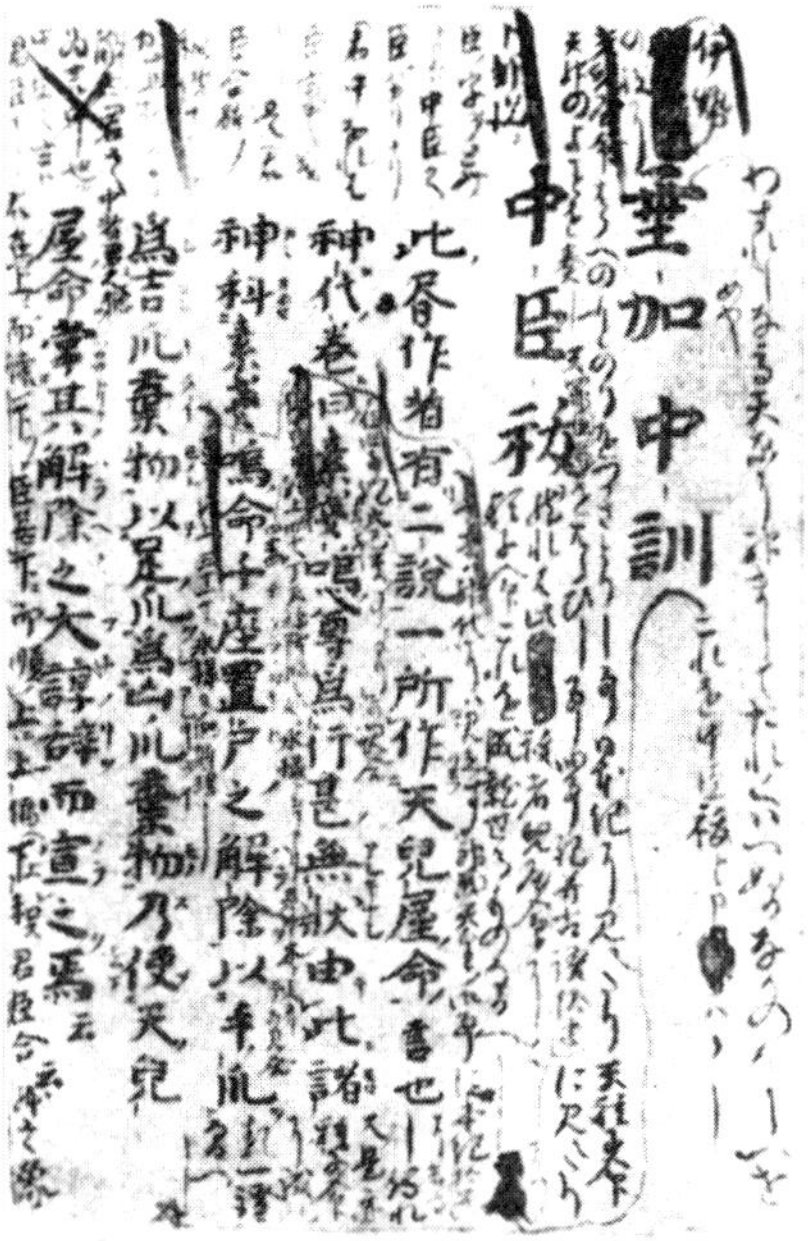

来は貴族や僧侶の教養として重んぜられる程度であったが、惺窩が朱子学を宗《むね》とし、その門下に林羅山・松永尺五《まつながしゃくご》等を出し、羅山の子孫が幕府の文教を司どるに至り、学問興隆の端緒が開かれたのである。尺五の門には木下順庵があり、更にその門下には新井白石・室鳩巣《むろきゅうそう》等が現れた。朱子学に対抗して陽明学を講じた者には、近江聖人と呼ばれた中江藤樹があり、その門人《もんじん》熊澤了介は池田光政に仕えて政務に与った。又、漢・宋の儒学にあきたらず孔孟の精神に復帰すべきことを説いた古学派には、山鹿素行・伊藤仁斎・荻生徂徠等があり、中でも素行は、「中朝事実」を著して支那崇拝の思想を排斥し、皇統の神聖、国体の尊厳を説いて国民の自覚を促した。朱子学から転じて垂加《すいか》神道を創《はじ》め、国民思想の発達に大きな影響を及した者は山崎闇斎である。その門人浅見《あさみ》絅斎《けいさい》は、尊皇の志篤く、幕府を忌《い》んで終世《しゅうせい》関東の地を踏まず、赤貧に甘んじて敢えて大名に仕えず、刀の鐔《つば》には赤心報国と刻み、その著、「靖献遺言《せいけんいげん》」は幕末の勤皇志士をして感奮興起せしめた。闇斎の学統からは竹内式部《たけのうちしきぶ》・山縣大貳《やまがただいに》・梅田雲濱《うめだうんぴん》・有馬新七《ありましんしち》ら勤皇の実践者が出た。又、

同じ流れを汲む栗山潜鋒《くりやませんぽう》・三宅観瀾《みやけかんらん》は大日本史の編纂に従事し、水戸学の発達に寄与するところ大であった。

　儒学の勃興に伴なって神道の研究また進み、儒学の立場から神道を考察する者を生じたが、国学者はこれにあきたらず、更に神道の精神をわが古典を通じて求めようとした。

　荷田春満《かだのあずままろ》、賀茂真淵、本居宣長、平田篤胤《ひらたあつたね》は、世に国学の四大人と称せられる。真淵は万葉集を研究し、宣長は「古事記伝」を著し、わが古道、即ち神道を以って天地自然の道となし、清く明かるき古代精神を復活せしめて皇道を宣揚せんとした。篤胤は宣長没後の門人であるが、単に古道の究明に留らず、尊皇の実践を企てたので、天保十二年幕府の忌諱《きき》に触れて秋田に蟄居《ちっきょ》を命ぜられた。その門人は五百五十余人に及び、幕末の尊皇運動に与えた影響は極めて大であった。

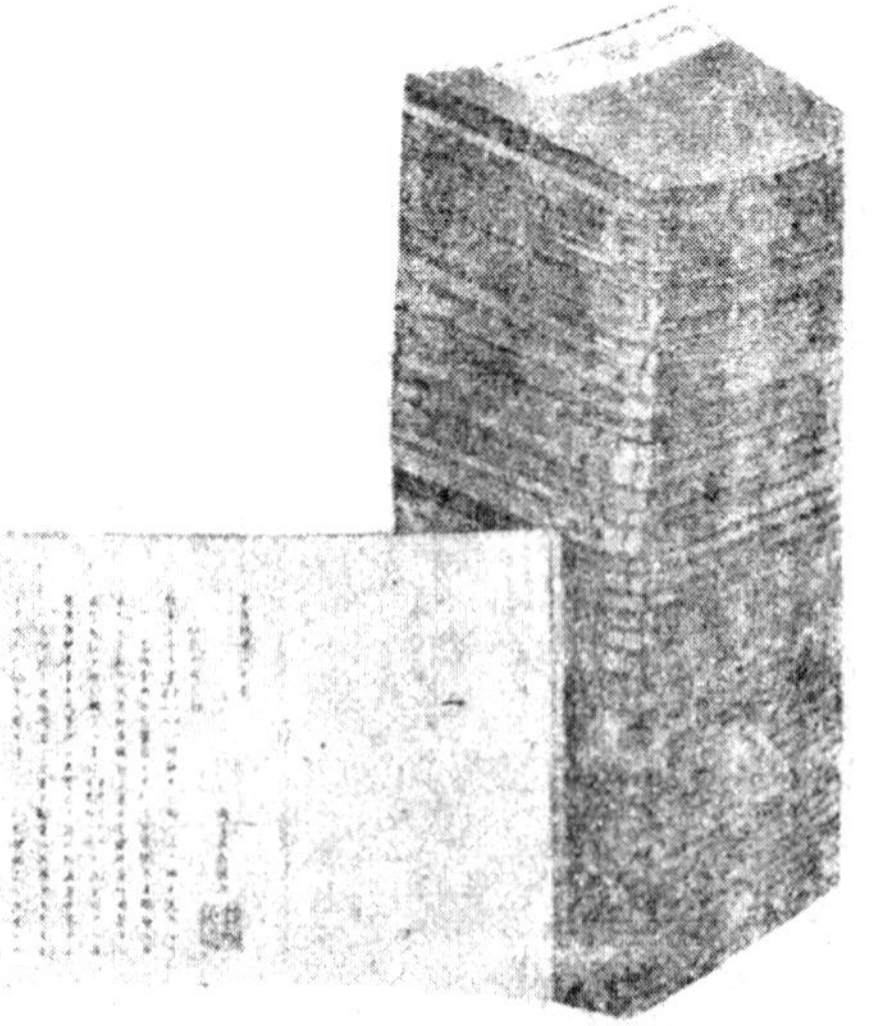
古事記伝

百八十と国はあれども日の本のこれの倭にます国はあらず（本居宣長　玉鉾《たまぼこ》百首）

物みなはかはりゆけどもあきつ神わが大君の御代はとこしへ（　同　）
くにぐの君はかはれど高光るわが日の御子の御代はかはらず（　同　）
天の下に上なき尊き天皇の御心のまにく、各々らがためにはよくも悪しくも伏し従い仕え奉るぞ、道ちゅう道の大道なれば、下が下までこの大道を受け持ちて、臣は臣としてその君に忠《まめ》やかなるべきこと、千世万世に動きなきぞ、浦安国の尊き御国がらなる。（平田篤胤　古史徴《こしちょう》）

科学の発達は概して後れていたが、時代の要求に応じて急速且つ独得の発達をなした部面も少くない。例えば鉄砲の製作が天文年間に輸入されてから急速に発達したのは、わが国民が古来鍛刀《たんとう》の技術にすぐれていたためで、その製作には幾多の創意が加えられ、文化十年に久米通賢《くめみちかた》が発明した輪燧佩銃《りんすいはいじゅう》の如きは、当時ヨーロッパで用いられていたものよりも遥かに進歩したものであった。数学の如きも江戸初期に毛利重能《もうりしげよし》が支那数学を基として和算を創始し、珠算を教授したが、関孝和に到って和算の研究は飛躍的な発展を遂げた。即ち孝和は、点竄《てんざん》という一種の代数学を案出し、積分に類する方法を以って円の弧長を表す級数を誘導するなど、その研究は高等数学の域に及んだ。

天文学には渋川春海《しぶかわしゅんかい》が出て、独自の観測と研究に基づき、「天文瓊統《けいとう》」を発表して世に多大の刺戟を与えた。又、博物学では、貝原益軒が「大和本草」を著し、本邦産の動、植、鉱物一千三百余種に就いて独得の分類をなし、稲生若水《いのうじゃくすい》は前田綱紀の命によって「庶物類纂《しょぶつるいさん》」の編述に当り、その死後丹羽正伯《にわせいはく》がこれを受け継ぎ、前後五十二年を費して一千巻の大著を完成した。更に、下総古河《しもふさ》の藩主土井利位《どいとしつら》が天保三年に著した「雪華図説《せっかずせつ》」は、当時の西洋科学者の研究に比して、遥かにすぐれたものであった。

杉田玄白

蘭学を通して西洋の学術が輸入されるに及び、西洋流の自然科学は著しい発達を見たが、前野良澤・杉田玄白らによって先ず西洋医学の研究が開けた。いわゆる蘭学にはその基礎であるオランダ語学の研究を始め、医学・本草学（薬学・博物学）・天文学・暦学等の諸部門、それに幕末に到って特に発達した兵学の部門などがその主なものであったが、一方、これと共に地理・政治・経済等の知識も採り入れられ、鎖国時代のわが国民の世界的自覚を促すに役立った。

産業の発達

農業は天候その他の風土的条件によって左右されるところ甚大である上に、技術の改良にも長年月《ちょうねんげつ》を要し、工業等に比すれば、その進歩は極めて緩慢であった。しかし幕府・諸藩が新田の開発や灌漑施設等の改良に保護・奨励を加え、民間に於ける耕作技術もまた進んだ結果、当代にはその生産力が著しく増大した。農学に関する著述も、宮崎安貞《みやざきやすさだ》の「農業全書」を始め、大蔵永常《おおくらながつね》の「広益国産考」、佐藤信淵《さとうのぶひろ》の「草木六部耕種法」等多数のものが刊行された。稲扱《いねこき》や千石簁《せんごくどおし》の如き農具が発明されたのも江戸中期のことで、水車による舂米法《つきごめほう》もまた、その頃から普及した。害虫駆除法としては虫送りのほかに石灰や鯨油などが使用され、肥料は緑肥・堆肥と共に魚肥・油糟・骨粉等の利用が行なわれた。養蚕業は著しく発達し、支那から盛んに輸入されていた生糸は、文化・文政の頃に到って駆逐され、開港以後は逆にこれを欧米諸国に輸出するに至った。綿作も主として畿内・中国・四国・東海道で栽培され、国内の需要を満たし得た。江戸初期に輸入された煙草・馬鈴薯・隠元豆・甘藷《かんしょ》・胡椒《こしょう》・唐辛子なども、やがて国内で栽培され次第に普及した。かかる技術の進歩や作物の増加のほかに、新田の開発が盛んに行なわれ、耕作面積は秀吉の頃百五十万町歩《ちょうぶ》といわれたものが、吉宗の頃には三百万町歩に達し、更に明治初年には四百五十万町歩に及ぶに至った。

林業・牧畜・水産業などは江戸中期から急速に発達したが、鉱業は早くから発達し、生産様式もかなり大規模なものであった。工業に於いては農家が自足自給を目的として営む手工業のほかに、次第に専門の手工業が発達し、幕末には洋式の機械を輸入して工場工業の端緒を開いた所もあった。

交通都市の発達

　中央集権の確立に伴ない、参勤交代制が行なわれ、租米の運輸や幕吏《ばくり》の往来などが頻繁になった結果、街道・宿駅等の発達が目ざましかった。陸上には、江戸から発する東海道・中山道・奥州街道・甲州街道・日光街道の五街道を始め、その他多くの脇往還《わきおうかん》があった。幕府は道中奉行を置いて駅路《えきろ》のことを司どらしめ、五街道には並木を植え一里塚を設け、宿駅には宿舎を置き、人夫・駄馬を備えた。水運では、早くから開けた淀川や、慶長年間に角倉了以《すみのくらりょうい》によって開鑿された富士川・保津川・高瀬川、寛文年間渡邊了以によって改修された阿武隈川などが利用された。海上交通では、瀬戸内海と江戸・大阪間の航路が最も発達したが、家綱の時、河村《かわむら》瑞賢《ずいけん》に命じて東廻りと西廻りの航路を開かせたので、東北の物資が海路によって京阪地方や江戸に廻送される便が開けた。この時代には軍事・警察上の目的から諸所に関所を設け、又、特定の河川には架橋を許さなかったが、交通は総じて、空前の発達を示した。

　交通の発達、参勤交代制の運営、武士の都市集中等によって、都市もまた異数の発展を遂げた。京都は伝統の都として、元禄頃には人口も五十万に達し、一面、商業都市としても重要な地位を占めた。しかし、最も繁栄を示したのは江戸であって、江戸城を中心に大名や旗本の屋敷があり、その周囲には、商工の民、いわゆる町人が住んで、盛時には人口百万を超えて、世界第一の大都市となった。城下町としては、金沢・名古屋・広島・仙台などが栄え、純然たる商業町としては大阪が最も盛んで江戸中期には人口三十五万を数え、天下の台所と称せられた。港町としては、長崎・敦賀・大津・下関・博多などがある。交通や都市の発達に伴ない商業は目ざましい発展を遂げ、取引きの範囲は全国的になり、江戸と大阪を中心に全国の物資が集散された。商人は次第に経済力を蓄え、諸大名は大阪の掛屋《かけや》に、旗本御家人は江戸の札差《ふださし》に、それぞれその経済を依存するに至り、武士の威勢が金融業者に制せられるようになったことは注目すべきことである。

第十二章　幕末の外交

世界情勢の推移

江戸幕府が鎖国を断行してから二百余年の間に、世界の大勢《たいせい》は一変した。西・葡両国が衰退し、それに代って一時海上権を握ったオランダもやがて英国に敗れ、ヨーロッパには英・仏の二大勢力が生じて、互に鎬《しのぎ》を削った。英国はインド及び北アメリカの植民地戦争に勝ちを制し、のちに米国独立の憂き目を見たが、全世界に亙って広大な植民地を占め、これを連絡する海上権に於いても確乎不抜の地位を占めた。しかも東洋に対しては、インド・ビルマから支那に手を伸し、又、オーストラリア・ニューギニアをも侵して、西南太平洋から漸次北上して来た。北方では、ロシアがシベリアを略し、更にカムチャッカから北太平洋に出で、わが北辺に迫って来た。又、安永五年に独立した米国が、次第に西方に領土を拡張し、遂にメキシコからカリフォルニア地方を奪って太平洋岸に出たのは、ペリーが来航する直前のことであった。

これら欧米諸国は、国内産業の発展、中にも、産業革命に基づく多量の製品の販路と、原料の供給地とを求め、いわゆる自由貿易を標榜して、東亜の天地を蝕《むしば》んだのである。既にインド・ビルマ・安南・フィリピン等がかれらの植民地と化した上は、日支の両国が僅かに残された土地であった。かれらは先ず、商品を以って経済上の支配権を獲得する平和的手段により、次いで政治権力を確立すると共に、屢々強力な武力を以って、その野望を遂げようとした。既に支那は、漸次かれらの圧迫を蒙って、領土を割譲し、不平等条約の締結を余儀なくされていた。わが国もまた、米英を中心とするこれら列強の侵迫に直面した。東亜諸国が総べてかれらの侵略するところとなるか否かは、実に日本の奮起如何に懸っていたのである。

外寇《がいこう》と海防

中でも、わが国と最も早く交渉の生じたのはロシアであり、千島方面に於ける毛皮獣捕獲のため、ウルップ島を根拠地とせんとして、安永七年〔二四三八〕シェレコフが厚岸《あっけし》港に来たり、当時蝦夷地を支配せる松前氏と交渉した。かくてわが識者は、ロシアの南下勢力の恐るべきことを悟り、天明・寛政の頃には、国防論や蝦夷地経営論が盛んに唱えられるに至った。中にも林子平は、国防を整え武備を固めるには、政治・教化を先にしなければならぬとし、財政整理・産業振興・武士土着等の必要を論じ、国内政治の刷新を説いた。

寛政四年、ロシアは、わが漂流民を送還すると共に、通商を求めてラックスマンを根室に派遣し、シベリア総督の書をもたらした。幕府は使を派してその労を謝し、外交の事は総べて長崎で行なう旨を伝えて退去せしめた。幕府はこれによって国防及び北辺警戒の急務を悟り、松平定信はみずから房・総・豆・相の沿海を視察し、又、最上徳内《もがみとくない》・近藤重蔵《こんどうじゅうぞう》をして蝦夷地を検分せしめた。重蔵は択捉島《えとろふ》に渡って、「大日本恵登呂府」と記した標柱を立て、高田屋嘉兵衛《たかたやかへえ》は択捉に到る航路を開き、又、伊能忠敬は幕命によって、蝦夷地を測量した。更に幕府は、享和二年、松前氏から東蝦夷地を収めて箱館奉行を置き、文化四年には西部をも収めて名を松前奉行と改め、全島の警備と開拓とに当らしめた。一方、ロシアは文化元年〔二四六四〕レザノフが使節として長崎に来たり、再び通商を求めたが、幕府の拒絶に甚だしく失望し、その帰途、樺太・択捉島を荒した。しかし間もなく、ロシアはナポレオンの侵入を蒙って西方が頗る多事となり、暫く力を東方に用いることができなくなったため、わが北辺はおのずから小康を保った。

この時、わが近海に現れたのは英国である。文化五年長崎に於いて、英艦フェートン号の不法行為があり、更に文政元年には、浦賀に来たって通商を求めるなど、屢々わが沿岸に出没した。かくて幕府に於いても民間に於いても、この対策が論議されるに至った。幕府は、既に寛政三年及び同九年の両度、諸大名に対して、外船漂着の際には寛猛よく機宜《きぎ》の措置を執るよう命じたが、外警頻りなるに及んで、文政八年〔二四八五〕外船の港浦に近づくものは事情の如何に拘らず砲撃するよう令した。これを無二念打払令《むにねんうちはらいれい》という。先に露船が北辺を脅すや、国内には武力を以って撃攘すべしとなす、いわゆる攘夷論が起り、更に英船の来港によって、これが一層発展して、遂にこの打払令となったのである。

然るに、その後十数年にして開国論が起った。即ち天保八年、米船モリソン号がわが漂民を護送して浦賀及び鹿児島に入港した時、警備の者は文政打払令に拠ってこれを撃退した。この事が蘭人によって報ぜられるや、幕府内部に打払いの可否に就いて論が起った。民間に於いてもこれを論議し、渡邊崋山は「慎機論」、高野長英は「戊戌《ぼじゅつ》夢物語」を著して、それ〴〵打払いの不可を論じた。そのため両人は処士横議の廉《かど》を以って罪せられた。世にいう蛮社の獄である。

その後、阿片戦争の顚末が伝えられるに及んで、わが国防の不備を指摘し、有事の日に備えるべきことを説くものが、とみに多くなった。或は交易を許すべしと言い、或はロシアと結んで英国に当るべしと唱え、或は清国の覚醒を促して相提携して欧米列強の侵略を防ぐべしと説くなど、意見は区々《まちまち》であったが、国力の充実を図り内政の改革を急務とする点に於いて共通していた。即ち、海防の不備と政治組織の弱点とが論議の的となったのである。かくて打払令は、天保十三年〔二五〇二〕撤回されたが、同じ頃清国は、南京条約によって、香港を割《さ》き広東・上海等五港を開くの余儀なきに至った。ここに東亜の情勢は一転し、欧米諸国の東亜侵略が著しく促進されることとなった。この形勢を見たオランダ王ウィリアム二世は、弘化元年特使を寄せて鎖国の法を改めるよう勧めたが、幕府は祖法の変更を不可能として、これに従わなかった。

通商条約の締結

かかる際、開港をわれに迫ったのは米国であった。米国は、カリフォルニアを合わせるや、桑港《そうこう》を太平洋の捕鯨根拠地及び対支貿易の起点としたため、風波の際の避難所及び中間貯炭所として、わが国土に基地を求めたのである。嘉永六年〔二五一三〕東インド艦隊司令長官ペリーは、四隻の軍艦を率いて浦賀に来たり、極めて強硬な態度を示したために、幕府は長年の伝統を棄ててその国書を受理し、明春返答すべきことを約した。しかし、その間幕府は、確乎たる対策が立たず、翌安政元年ペリーが来航するに及び、遂に修好条約を締結した。即ち神奈川条約と呼ばれるもので、これには下田・箱館の開港、漂民の救恤《きゅうじゅつ》、必需品の供給、領事の駐箚《ちゅうさつ》等のほか、一方的な最恵国約款《やっかん》を含め、後日に重大な問題を遺した。米国に次いで、露・英・蘭とも略々同様の修好条約を結んだ。この和親条約によって、米国総領事ハリスは下田に来往したが、やがて幕府との間に交渉が行なわれ、安政四年五月、日米約定《やくじょう》〔下田条約〕が成立し、長崎の開港、米人の下田・箱館居住、治外法権や関税の細則等が定められた。幕府はこれに調印するに当って、老中堀田正睦《ほったまさよし》を上京せしめて勅裁を奏請した。

畏くも孝明天皇は、この間外交にいたく宸襟《しんきん》を悩まし給い、正睦に対しては、国家の安危に係わる重大事であるから、更に諸大名の衆議も徴して奏上《そうじょう》せよと仰せられた。ここに幕府は、進退に窮したが、井伊直弼が大老となるや、調印の期日を延期してその間に勅許を得ようとした。然るにたまく清国は、英仏連合軍に大敗し、英・米・仏・露との間に天津条約を結んで多額の償金を払い、新たに牛荘《にゅうちゃん》・登州《とうしゅう》等の五港を開くことを約した。かくて英・仏は戦勝の余勢を駆って、わが国にも通商条約の締結を求めるかに見えた。ハリスはこの情報を得るや、巧みにこれを利用して幕府に条約の調印を迫った。ここに、幕府は、俄《にわ》かに期日を早め、遂に勅許を待たずに調印を終ったのである。次いで、蘭・露・英・仏とも略々同様の条約を結んだ。これを五箇国条約又は安政仮条約という。

これらの諸条約やその後の約定に於いて、諸国に最恵国約款をなし、治外法権を認め、関税の改訂は相互の同意によることとした上に、税率を極めて低く定めた結果、幕末に於いては、経済上多大の損害を蒙り、更に明治時代を通じて、条約改正に苦闘を続けなければならなかったのである。

第十三章　朝威の更張

幕政の凋落

皇室におかせられては、延享四年、桃園天皇が践祚遊ばされた。天皇は天資英明にわたらせられ、廷臣中に竹内式部の学説を傾聴して皇権の伸張を図る者があり、それらを通じて式部の学説を聴かせ給い、又、日本書紀その他の古典を聴講あらせられたが、宝暦十二年、崩御あらせられた。その後、後桜町天皇・後桃園天皇・光格天皇御三代を経て、文化十四年、仁孝天皇践祚あらせられるや、光格天皇の叡旨を継がせ給い、公家の学習所を創立あらせられ、次いで孝明天皇は、弘化四年、開講の式を行なわせられ、やがて名を学習院と命じ給うた。孝明天皇の御代は実に未曾有の国難に際会し、内治外交に一大刷新を要する時であった。畏くも天皇は、廷臣を戒めて宮廷の風尚を刷新せしめ給い、幕府を励まし民草を導き給うて、国体の尊厳を維持し、維新の大業成就の基を定め給うた。

江戸幕府は開設当初、大名統制策や鎖国政策などによって封建制度の強化に成功したが、時代の進展と共に四囲の情勢が変って来た。その一つは、幕府中心思想が次第に崩れて、尊皇運動が盛んになって来たことである。他の一つは、商業の発達に伴なう商人の擡頭、武士の経済的没落である。幕府や諸藩を始め、旗本その他一般武士の窮乏は年と共に甚だしくなり、その結果は領民に重税を課するに至り、農民は困窮して耕地を棄て都市に流入する者が多く、封建制度の地盤たる農村の疲弊荒廃が著しくなった。幕府は享保以後、幾たびか政治の刷新を企てて財政の急を救おうとしたに拘らず、殆どその効果を挙げることができなかった。

寛政の改革後、松平定信が致仕《ちし》するや、政治は再び弛緩して士風すたれ、風俗破れ、政教の不振はとみに甚だしくなった。しかもこの頃幕府の歳入は年々不足し、僅かに貨幣を改鋳して財政の破綻を弥縫《びほう》する有様であった。加えて天保年間再び全国に飢饉が起り、各地に農民一揆や都市細民の暴動が起った。かくて老中水野忠邦の改革も殆ど無効であった。その間に、欧米諸国の力はわが間近に迫って来たのである。幕府は未曾有の危機に際会して庶政を刷新し、国防の充実に努めるところがあった。従来の専断政治を改めて大名・旗本以下広く天下の意見を徴し、譜代と外様とを問わず、人材を抜擢して幕政に当らしめた。嘉永六年には大船《たいせん》建造の禁を解き、安政二年には長崎に航海練習所を設け、翌三年には江戸府下に於いて洋式訓練・砲術等の講習を行ない、ここに近代兵備の端を開いた。

朝廷におかせられても、安政元年閏七月、特に勅諭を下し、国力を尽くして神州に瑕瑾《かきん》を生ぜしめぬよう指揮すべき旨の御沙汰を賜わった。嘉永六年ペリーの来航以後、朝廷と幕府の関係は従来と一変し、朝廷は、重大政務に関し、一々幕府に奏上せしめて聖断を下し給うこととなった。然るに、日米通商条約締結に当り、勅許を待たずに幕府がほしいままに調印したことは、朝幕関係に一大変化を生ぜしめた。当時、将軍家定の継嗣問題に関して、水戸の徳川斉昭の子一橋慶喜《ひとつばしよしのぶ》を立てようとする者と、紀伊の徳川慶福《とくがわよしとみ》を立てようとする者と、幕府の内部も二派に分れていた。井伊直弼は条約の調印に次いで慶福〔家茂〕を継嗣と決定し、更にその処置に反対した斉昭等の諸藩主、前関白鷹司政通《たかつかさまさみち》等の堂上公家《どうじょうこうけ》を始め、吉田松陰・橋本左内・頼三樹《らいみき》三郎《さぶろう》等多数の志士を処分した。即ち、安政の大獄である。しかしこれがため、直弼は一層志士の憤激を招いて、万延元年三月水戸藩士等のために桜田門外に刺された。これより幕府の権威はとみに失墜し、天下の雄藩や尊皇攘夷の志士等は朝廷を奉じて国政の改革を図り、以って国家未曾有の難局に対処せんとするに至った。一方、直弼の後を承けた老中安藤信正は、皇威によって幕府の威権を回復し時局を収拾せんと企て、将軍家茂のために皇妹和宮の御降嫁を奏請し、勅許を得た。ここに尊攘の志士は、憤激やるかたなく、文久二年正月再び信正を坂下門外に要撃した。今や幕府は、治安の維持を保つことさえできなくなったのである。

尊皇攘夷

外国勢力の迫ると共に、水戸藩を中心に唱道された攘夷論は、尊皇思想と結び付いて尊皇攘夷論となり、時代を動かす一大勢力となった。しかし、その始めに於いては、単に幕府に内政を改革せしめて外寇に備え、国体の尊厳を護持しようとする程度のものであった。然るに幕府が屡々朝命に従わず、しかも尊攘の志士を弾圧するに及んで、尊皇攘夷論は、倒幕を目ざす王政復古運動と化するに至った。即ち、尊皇攘夷論者は、国力の充実を待って開国交易すべきであると考え、それには先ず幕府を廃して、国体に基づく挙国一致の政治体制を樹立しようと企てたのである。

かかる際、長州の毛利《もうり》敬親《たかちか》、薩摩の島津久光は、それ〴〵公武の間の周旋を試みたが、大勢は既に公武合体論を超えて、急進的な攘夷論が勝ちを制するようになった。その中心となったのは長州藩で、同藩は公武周旋失敗後、藩論は一転して倒幕攘夷に傾き、諸外国との条約を破棄して攘夷を実行すべしという破約攘夷論を唱え、土州藩もこれに与し、薩藩の急進派もこれに応じた。文久二年〔二五二二〕十一月、朝廷は三條実美を勅使として江戸に下し攘夷の実行を命じ給うた。将軍家茂は勅答のため翌三月上洛したが、孝明天皇はつとに攘夷の叡慮にあらせられたので、関白・大臣・将軍・諸大名等を率いて賀茂神社に行幸し給い、親しく攘夷を祈願あらせられた。天皇の行幸は寛永三年以来二百余年絶えて久しきことであり、御盛儀を拝した者は王政復古の間近にあることを察し奉ったのである。かくて幕府は、五月十日を期して攘夷を実行すべきことを奉答したが、固よりその意志も実力もなかった。長州藩は攘夷を利用して幕府を窮地に陥れようと考えていたので、期日に到るや、下関海峡を通過する米・仏・蘭の艦船を砲撃し、更に進んで攘夷親征を仰ぎ奉り、その機に討幕の軍を起さんとした。然るに、孝明天皇は無謀な攘夷やこれに名をかりて討幕を企てるが如きことは好ませ給わず、その結果、同年八月十八日、朝議俄かに変じて長州藩は斥けられ、三條実美等の尊攘派の公卿の長州落ちとなり、公武合体派が一時勢力を回復した。翌元治元年七月、長州藩は兵を率いて入京し、会津、薩摩の兵と蛤御門に戦って敗走した。幕府はこれに乗じて長州征伐の軍を起したが、たま〱先の砲撃に対する報復として、米・英・仏・蘭四国の連合艦隊が下関を砲撃したので、長州藩は前後に敵を受けることとなり、遂に屈して幕府に謝罪した。

然るにこの頃、薩摩藩では西郷隆盛・大久保利通らを中心とする攘夷論者が力を得て、長州藩との提携が成立した。ここに、長州は再び討幕の態度を示したので、慶応二年幕府は、長州再征の師を起し、将軍家茂みずから兵を率いて大阪まで出陣したが、幕軍は所々に破れてその威信は全く地に墜ちた。その上、家茂も大阪に薨じて慶喜が徳川の宗家《そうけ》を継ぎ、やがて将軍に補せられた。間もなく、孝明天皇崩御あらせられ、慶応三年〔二五二七〕正月、明治天皇践祚あらせられ、大喪の故を以って征長の兵を解かしめ給うた。

王政復古

征長の役の失敗により、幕府の権威は全く失われたが、その間、薩・長二藩の間に武力に訴えて王政復古を実現しようとする盟約が出来、公家中にても岩倉具視《いわくらともみ》を中心とする幕府討滅運動が次第に有力となった。かくて慶応三年十月、両藩に対して討幕の勅命が下った。然るに、時を同じくして、土佐・安芸二藩は事態の平和的解決を望み、相次いで大政奉還のことを幕府に建白した。将軍慶喜もまた、時勢に鑑み、遂に同年十月十四日大政の奉還を奏請した。

　朝廷は十二月に到り慶喜の請《こ》いを許し給い、同時に庶政一新のことを諭告《ゆこく》あらせられた。実に、神武天皇肇国の御精神に基づき、天皇親政・百事創業の大精神を示し給うたもので、ここにわが国未曾有の大変革が、極めて急速且つ円滑に実現したのである。

岩倉具視

第十四章　明治維新と新政の進展

維新前後の東亜及び世界

先に述べた欧米諸国の世界政策は、漸く帝国主義を露骨に現すようになった。既に南北アメリカを領有し、アフリカの分割を成し遂げた欧米諸国の世界政策の進路が、主としてアジア、特に東亜に向けられるに至ったのは、実にわが維新のやや前からであった。然るに当時、東亜の諸国家・諸民族は、概ね衰頽《すいたい》の兆《きざし》著しく、その覚醒と実力とは世界の進運に伴なわず、西力東漸《せいりきとうぜん》の大勢を阻止することができず、露・英・米・仏等の支配欲をほしいままにせしめたのは、まことに遺憾の極みである。

この間にあって、独りわが国は、東方に聳《そび》え立つ富嶽《ふがく》の姿そのままに、維新の大業を成し遂げて国内の体制を整備すると共に、東亜の安定を確保する重大な使命を自覚して、挙国一致の努力を致すこととなったのである。

維新の宏謨《こうぼ》

慶応三年十二月九日、天皇は親王・諸臣を召させられて、王政復古の大号令を発し給うた。即ち、摂政・関白・幕府を廃し、仮に総裁・議定《ぎじょう》・参与の三職を置いて万機をみそなわせられ、諸事神武天皇御創業の初めに基づき、公武上下の別なく、至当の公議を尽くし、以って天下と休戚《きゅうせき》を共にし給う叡慮につき、各々勉励し、驕惰《きょうだ》の旧習を改め、尽忠報国の誠を以って奉公すべき旨を諭《さと》し給うた。次いで慶応四年三月十四日、天皇は親王・群臣を率いて紫宸殿《ししんでん》に出御《しゅつぎょ》ましまし、親しく天神地祇を祭り、次の五事を神明に誓わせられ、且つこれを国民に宣し給うた。これを五箇条の御誓文という。

一、広く会議を興し万機公論に決すべし
一、上下《しょうか》心を一《いつ》にして盛《さかん》に経綸を行うべし
一、官武一途《いっと》庶民に至る迄各其志《おのおのそのこころざし》を遂げ　人心をして倦《う》まざらしめんことを要す
一、旧来の陋習《ろうしゅう》を破り天地の公道に基くべし
一、智識を世界に求め大《おおい》に皇基を振起すべし
我国未曾有の変革を為《なさ》んとし　朕躬《み》を以て衆に先んじ天地神明に誓い　大に斯《この》国是を定め万民保全の道を立んとす　衆亦此旨趣《またこのししゅ》に基き協心努力せよ

天皇はこの日別に宸翰《しんかん》を下して、ここに百官諸侯と広く相誓い、列祖の御偉業を御継述遊ばされ、御一身の艱難辛苦を問わせられず、四方を経営し、億兆を安撫し、遂には万里の波濤《はとう》を

開拓して国威を四方に宣布し、天下を富嶽の安きに置かせられんと、新政に対する御決意と御抱負とを明らかにし給うた。これを世に億兆安撫・国威宣揚の宸翰と申し上げる。ここにわが国は、肇国以来の真姿に立ち返り、天皇親政のもと、新政を進展せしめることとなった。

制度の確立

明治二年〔二五二九〕六月、諸藩主の版籍奉還の願いを聴許あらせられ、ここに全国の土地・人民は悉く天皇に帰し、藩は単なる地方政治の一区画となり、旧藩主は知藩事という中央政府の任命する地方官となった。やがて四年七月に到り、廃藩置県が断行せられ、封建体制の名残りは名実共に滅んで、天皇親政のもと、新しい中央集権の政治体制が確立した。

中央政府の組織は、王政復古と同時に総裁・議定・参与の三職が置かれたが、版籍奉還の直後、神祇・太政の二官及び六省が設置された。更に注目すべき改革は、明治五年十一月渙発《かんぱつ》せられた徴兵に関する詔書であって、ここに皇軍の真の姿である国民皆兵が実現し、従来の士族の封建的特権は全く除かれた。

維新の精神は、幕府政治の遺風である独断・専制を排して、公議・輿論を重んじ、臣民翼賛の道を弘めるにあり、畏くも、五箇条の御誓文には、広く会議を興し万機公論に決すべしと仰せられた。この聖旨を奉じて、政府は漸次その準備を進め、明治六年の頃は左院をして憲法の

伊藤博文

取調べ及び編纂に従わしめた。七年一月、板垣退助・副島種臣《そえじまたねおみ》・後藤象二郎・江藤新平らは民選議院設立を建議した。しかし政府は、時機尚早であるとして、これを採用しなかった。八年一月、木戸孝允《たかよし》・大久保利通・伊藤博文らは大阪に会して、立憲の方針に就き互に意見を交換した。天皇は、これら功臣の議を嘉納あらせられて、太政官の官制を改め、左右両院を廃し、同年四月、元老院を設けて立法のことに与らしめ、大審院を置いて最高司法の府となし給うた。又、同年六月、民情の流通を図るため地方官会議が開かれ、十二年三月には府県会が開かれ、民選の議員をしてその府県の経費などを議せしめ、立憲制度確立への階梯《かいてい》とした。十年の西南の役後は、政党や政社が諸方に起り、国会開設を請願する者が続々と帝都に集った。

天皇は深く輿論の趨向《すうこう》を察せられ、十四年十月、勅諭を下し給うて、明治二十三年を期して国会を開くべき旨を宣せられた。翌十五年三月、伊藤博文らをヨーロッパ諸国に遣して、憲法及び諸制度を視察、研究せしめ、十六年八月、一行が帰朝するや、十七年三月には宮中に制度取調局を設けられ、伊藤を長官として皇室典範及び憲法の調査・起草に従事せしめられた。かくて十七年七月には華族令が公布せられて五爵の制が定まり、十八年十二月には、太政官を廃して内閣官制を創められた。内閣は、内閣総理大臣及び外務・内務・大蔵・陸軍・海軍・司法・文部・農商務・逓信の諸大臣を以って組織され、天皇輔弼の責《せめ》に任じ、諸政を分担せしめられたもので、伊藤博文が第一次内閣総理大臣に任ぜられた。別に内大臣・宮内大臣が定められ、政務に与らず、以って宮中と府中との別を明らかにせしめられた。

次いで二十一年には、天皇の最高諮詢《しじゅん》の府として、枢密院を置き、元勲・練達の人を顧問官とし、伊藤が議長に任ぜられた。同年皇室典範及び帝国憲法の案が成ると、これを枢密院の議に付せられ、天皇には終始同会議に親臨あらせられて、その審議を聞し召された。御精励のほどは、まことに畏き極みであった。

明治二十二年〔二五四九〕二月十一日紀元の佳節を以って、皇室典範及び帝国憲法を制定し、これを祖宗の神霊に告げさせられ、憲法はこれを衆庶《しゅうしょ》に発布し給い、皇室典範もまたこの日を以って公示せられた。帝国憲法はその制定が全く叡慮に出で、一に勅裁に成ったところの欽定憲法であって、わが肇国の大義を時代の進運に適応して紹述され、皇国の丕基を永遠に鞏固《きょうこ》にし給うたものである。なお憲法発布の日、憲法に付属する議院法・貴族院令・衆議院議員選挙法等もまた公布せられ、議員の選挙・任命は年を越えて行なわれた。二十三年十一月第一回帝国議会が東京に召集され、天皇親臨して開院式を挙げさせられた。かくてわが立憲政体は確立し、万機公論に決する政治の大方針は実現されるに至った。

町村の自治は古い時代から次第に発達して来ており、江戸期には五人組制度といい、近隣五戸内外を以って一組とし、組内の各戸に連帯・相互警戒・相互検察・相互扶助の責任を負わせ、又、村には村の長である庄屋又は名主と、その下役である組頭数名と、名主・組頭に対する目付役である百姓代数名があって村政を司どったことは既に学んだところである。明治以降も、政府は立憲政治を行なうには、その基礎として先ず自治制度をしく必要を認め、二十一年には市制・町村制が発布せられ、地方自治の制度は次第に整った。

思想界の帰趨

旧来の陋習を一洗し、知識を世界に求めて大いに皇基を振起せんとする維新の進展は、明治十年頃まで新旧両思想の対立・摩擦を見たことは止むを得ない勢であった。王政復古の当然の結果として、皇道が宣布され、その反面に排仏毀釈《きしゃく》の運動が行なわれた。これまでの士・農・工・商の差別が除かれて四民平等となり、平民も名字を許され、散髪・脱刀の時代となり、明治六年太陰暦を廃して太陽暦を採用するなど、封建時代の因習を次々に改めると共に、一方に於いては盛んに欧米文化を採り入れて、いわゆる文明開化の風潮が一世を風靡した。これを見て、心平《たいら》かでない人々も決して少くなかった。佐賀の乱（七年）・熊本の乱（九年）・萩の乱（同年）・西南の役（十年）等は、政治上の意見の相違が主な原因ではあったが、又、新旧両思想の衝突と見ることができる。西南の役ののちは、武力によって主張を貫ぬこうとする風がなくなって、言論・文章の力に拠るようになり、国会開設の運動をめぐって、自由民権の説が唱えられた。又、当時、諸事建設の時代で、欧米に学ぶところが多かったから、おのずから洋風尊重の風を喚《よ》び、舶来とさえいえば、直ちに品質の良好を思わせる有様であった。しかし明治十年代の終りになると、条約改正に対する反感と相俟って、識者は皇国文化の価値を認識し、これを尊重するようになって、国粋主義が唱えられた。

明治天皇はつとに教育の振興に大御心を注がせ給い、五年に学制が頒布《はんぷ》され、この時太政官から出された上諭には、「邑《むら》に不学の戸なく家に不学の人なからしめんことを期す」とある。その後、教育の制度は屢々改められたが教課内容は未だ不備を免れなかった。天皇は国民教育に於ける道義の教課を重んじ給い、十二年、有司《ゆうし》に教学大旨《だいし》を下し給い、更に侍講《じこう》元田永孚《もとだえいふ》に命ぜられて幼学綱要を、皇后は二十年、西村茂樹に仰せられて婦女鑑《ふじょかがみ》をそれぐ〱編纂、刊行せしめられた。やがて二十三年十月三十日、教育に関する勅語を下し給うて、皇祖皇宗の御遺訓と皇国の道に基づき、国民の教育、道徳の大本を明らかに御示し遊ばされた。ここにわが思想界教育界は、古今に通じて謬《あやま》らず、中外に施して悖《もと》らぬ、明らかな帰趨を得たのである。

富国強兵

世界の動きを見る時、皇国の安泰と国権の維持は、富国強兵に俟《ま》たねばならなかった。ここに政府は、一日も早く欧米諸国に追い付こうとして、富国強兵・殖産興業に力を注ぎ、産業・貿易の保護・育成に努めた。三年、工部省を設けて百工の勧奨、鉱山・製鉄・燈台・鉄道・電信などの事を管《かん》せしめて諸種の官営工場を起し、又、内務省管下にも綿絹紡績の官営工場を諸所に設け、更に農事の改良・発達、北海道開拓などに努め、なお技術者養成のための工学寮（のちの工部大学校）を設けた。やがて官営の事業を漸次民間に払い下げ、工部省も十八年に廃止された。

政府は産業の発達並びに国防上の必要から交通通信機関の急速な発達を企図した。鉄道は五年に東京・横浜間に開通したのを始めとして、各地に官設・私設の鉄道が敷設せられた。通信機関はその性質上、これを官営とし、五年に郵便規則を公布し、十年には万国郵便連合に加盟し、十五年には郵便条例を公布し、十八年には逓信省を設けて郵便・電信・電話事業を管掌することとなった。電信は二年、東京・横浜間に開通したのを始めとして漸次全国に及《およぼ》し、十二年には万国電信連盟に加入した。電話は十年、東京・横浜間に架設したのを始めとして、これまた、漸次全国に及んだ。

兵制の確立は強兵策の根本である。明治五年徴兵令が制定されて、国民皆兵の基成り、緩急の大事に当って君恩に報い奉るは旧来の士族のみに限らず、広く国民から壮丁を挙げて軍事教育を施すこととなった。台湾征討も、西南の役の鎮定も、この帝国軍人の忠誠によって果されたのである。畏くも、明治十五年一月四日には、軍人に勅諭を賜い、「朕は汝等軍人の大元帥なるぞ」と仰せ給い、国に報いる道を示し給うた。かくして、往昔《おうせき》の武士道精神は進んで大義に生死する帝国軍人精神となり、明治二十七、八年戦役を始めとし、国難起るところ、そのたびごとに輝きを増したのである。

第十五章　東亜の新局面

大陸及び南方の形勢

アジア大陸及び南方諸地域に対する欧米諸国の侵略は、明治の大御代に入って益々著しくなった。ロシアはつとにシベリアの経略を進めて東の方オホーツク海に達し、北蒙古にその勢力を伸したが、清国の衰運に乗じて黒龍江以北の地を〔安政五年〕、次いで沿海州地方を収め〔万延元年〕、やがて南下して満洲に迫り、且つウラジオストック港を軍港として東亜の海に活動せんとする勢を示すに至り、一方、中央アジアにも手を伸して、清国からイリ（伊犂）地方の一部を奪った〔明治四年〕。英国はインドに於ける勢力を確立して、英国王がインド皇帝を兼ね〔明治十年〕、更にマレー半島の南部を悉くその勢力下に置き〔明治十八年〕、ビルマを合わせた〔明治十九年〕。又、清国に対する侵略も阿片戦争以後年と共に露骨となり、南支から北支に進出して種々の利権を収め、中央アジア方面ではロシアの南下に対抗した。フランスは安南より交趾支那《こうちしな》を奪い〔文久二年〕、カンボジアを保護国とし〔慶応三年〕、東京《とんきん》地方を収め〔明治十六年〕、いわゆる仏領インド支那をその勢力下に置き、更に支那に進出した。

米国は右の諸国に後れて東亜に来たが、ロシアからアラスカを買収し〔慶応三年〕、ハワイを併呑し〔明治三十一年〕、米西戦争の結果フィリピン諸島とグアム島を獲得した〔同上年〕。アメリカ大陸に於いてはモンロー主義を唱えて他の干渉を拒否しつつ、太平洋方面・東亜に対しては悪辣な世界政策を実行し、やがて門戸開放・機会均等に藉口《しゃこう》し、貿易・金融・文化を通じ、侵略の魔手を伸して来たのである。かかる情勢のもとにあって、清国はわが維新前後に亙り政治改革を試みたが、国力は次第に衰えて欧米の侵略を防ぐことができなかった。

明治二十七、八年戦役

明治二十七、八年戦役は朝鮮問題から起った。朝鮮は地理的にも歴史的にも、わが国との関係が頗る密接である。わが国は朝鮮を自主独立国として認め、これと修好条規を締結し、これを啓発、誘導して、唇歯輔車《しんしほしゃ》の実を挙げることを期した。然るに清国は朝鮮を属国視して、わが国策の遂行を妨害しようとし、屢々葛藤を起した。朝鮮政府の内部には朴泳孝《ぼくえいこう》・金玉均《きんぎょくきん》らの独立党（日本派）と王室の外戚閔《びん》氏一派の事大党（清国派）とが対立していたが、両派の抗争は漸く激化し、十七年十二月独立党が政変を起し、事大党を斥けて政権を握るや、清国は兵力を以って事大党を助け、独立党を失脚せしめた。十八年わが国は伊藤博文を清国に遣し、天津条約を締結し、日清両国は各々朝鮮より撤兵し、将来朝鮮に出兵する必要ある際は予め相互に通告し合い、事定まれば即時撤兵することを約した。そののち、清国は依然として朝鮮を属国視する態度を改めず、益々その勢力を扶植しようと策動し、随って事大党は清国の後援を頼んで、わが国を軽侮する態度に出たから、わが国の輿論もまた穏かでなく、朝鮮問題を中心として日清両国の関係がとみに緊張した。折から二十七年四月、朝鮮に東学党の乱起り、清国は海陸の兵を派遣し、属邦保護のために出兵する旨をわが国に通告して来た。わが国は清国に対し、朝鮮を清国の属邦として認めたことなきを以って抗議を発し、朝鮮との条約により、公使館・居留民保護のために出兵することを通告した。東学党の乱は日清両国の出兵に恐れて、日ならずして鎮定した。よって、わが国はこの機会に、東洋平和のために日清両国協力して、朝鮮の秕政《ひせい》を改革し、禍根を除かんことを清国に提議したが、かれは尊大倨傲《きょごう》の言を弄して、わが提議に応じなかった。遂にわが国は、独力を以って朝鮮に内政改革を断行せしめることを決意し、強硬に朝鮮に交渉したので、朝鮮はその独立に抵触する清国との条約を破棄し、清兵撤退に就いてわが援助を求めた。時恰も七月二十五日、わが艦隊の一部は豊島《ほうとう》沖に於いて、清国艦隊の砲撃を受け、直ちに応戦してこれを破り、次いで二十九日陸軍は牙山《がさん》の清兵を攻めてこれを撃破した。

天皇は八月一日、清国に対する宣戦の大詔《たいしょう》を発し給い、九月畏くも大本営を広島に進めさせられて、軍務を統裁あらせられた。わが陸軍は平壌に、海軍は黄海に、それ〴〵緒戦に快戦して戦局を有利に導き、第一軍は鴨緑江を渡って西進し、第二軍は遼東半島に上陸し、海軍と協力して旅順を僅か一日にして陥れ、翌二十八年、山東半島に渡り、海軍と共に威海衛《いかいえい》を攻略して敵艦隊を全滅させた。次いで第二軍の一部と第一軍と合《あわ》して遼東半島の占領に成功し、まさに軍容を整えて一挙に北京を衝かんとする態勢を示した。

かくてわが上下一致の団結が、清国の戦力に打ち勝ち、戦役は、皇軍の連戦連勝を以って終結した。二十八年〔二五五五〕四月十七日、下関に於いて講和条約が成った。わが全権大臣は内閣総理大臣伊藤博文及び外務大臣陸奥宗光、清国の全権大臣は李鴻章《りこうしょう》及び李経芳《りけいほう》であった。講和条約の主な条項は、㈠清国は朝鮮の独立を承認すること、㈡遼東半島・台湾及び澎湖《ほうこ》島をわが国に割譲すること、㈢償金二億テールをわが国に支払うこと、㈣沙市《しゃし》・重慶・蘇州・杭州の四港を開くことであった。

下関講和条約

三国干渉と欧洲情勢

天皇は四月二十一日平和克復《こくふく》の大詔を発し給うた。然るに、二十三日、露・独・仏の三国は、わが国が遼東半島を領有することは、東洋の平和に害があるとて、その放棄を勧告して来た。

日・清両国の兵力比較

		日本	清国
陸軍	平時	約七、〇〇〇〇人	約三五、〇〇〇〇人
	戦時	約一二、三〇〇〇人	約九五、〇〇〇〇人
海軍	総噸数	約五、九〇〇〇噸	約八、五〇〇〇噸
	軍艦	二八隻	八二隻
	水雷艇	二四隻	二五隻

皇軍の陣容

陸軍参謀総長	陸軍大将　熾仁親王	陸軍大将　彰仁親王（二十八年一月から）
混成旅団長（第五師団に属す）	陸軍少将　大島義昌	
第一軍司令官	陸軍大将　山縣有朋	陸軍中将（二十八年三月大将）　野津道貫（二十七年十一月から）
第二軍司令官	陸軍大将　大山巌	
海軍軍令部長	海軍中将　樺山資紀	
連合艦隊司令長官（本隊・第一・第二・第三遊撃隊・水雷隊）	海軍中将　伊東祐亨	

わが国は熟慮の結果、遂に三国の勧告を容れることに決し、五月これを三国に通告し、天皇は特に詔勅を下して、国民の深く時勢の大局を察し、邦家《ほうか》の大計を誤ることなかれと諭し給うた。国民は聖旨を畏み、臥薪嘗胆《がしんしょうたん》の合言葉のもとに国力の充実を固く心に誓った。十二月、遼東半島を清国に還付し、その代償として銀三十万テールを収めた。

条約改正

江戸幕府が列国と締結した修好通商条約は頗る不平等なもので、かれらにはいわゆる治外法権が許され、われには関税率の決定権もなかったから、これが改正をなすことは、わが国朝野《ちょうや》の要望するところであった。明治十一年、外務卿寺島宗則が先ず税権の回復を図り、東京に於いて各国公使と交渉したが、英国公使等の強硬な反対によって談判が中止された。次いで、外務卿井上馨《いのうえかおる》は、法権・税権共に一部ずつを回復する案を立てて列国公使と交渉し、二十年四月までに略々案が出来たのであるが、そのうちには外人を裁判官に任用して、外人関係の事件の審理に当らせるという条項などがあったので、輿論の猛烈な反対に遭い、井上案も中止となった。次に二十一年より、外務大臣大隈重信は新しい案を以って列国に交渉した。その案のうちに、領事裁判権は新条約実施後五箇年間、外人居留地内に限り従前のままに存し、それ以後はこれを廃す、但《ただ》しその場合にも大審院に外人判事を置いて、外人が被告である事件の裁判を司どらしめるという規定があった。このことが二十二年四月、ロンドン・タイムスに公表せられるや、又も輿論の反対が猛然と起り、重信は襲撃せられて傷つき、職を辞した。次いで青木周蔵が代って外務大臣となり、殆ど対等条約に近い原則を定めて努力したが、二十四年五月、露国皇太子が大津に於いて負傷し、それによって青木が引責辞職したので、条約改正はまたく中止となった。

二十五年、陸奥宗光が外務大臣となるに及び、青木の案を基礎として新たに改正案を立て、これを以って在外公使をして国別に談判を行なわしめ、独国兼英国駐劄公使たりし青木の努力が功を奏して、二十七年七月英国との間に新条約の調印を行なった。間もなく明治二十七、八年戦役が始り、わが軍の連戦連勝によって、列国もわが実力を認め、英国にならって、三十年に到る間に、条約国十五箇国が悉く改正案に応じ、相互対等に改正せられた新条約は、三十二年七月又は八月から実施された。その後、明治三十七、八年戦役によって、わが国の国際的地位は愈々高まり、外務大臣小村寿太郎は四十四年に、前の改正条約に於いて残された関税協定の不満足な部分を改め、完全に不平等条約を撤廃することができた。

第十六章　東亜の危急とその克服

欧米の東亜侵略

欧米諸国の世界政策の方向が、東亜に向けられていたことは既に述べた。明治二十七、八年戦役後は、それがとみに露骨になり、列国は競って支那を侵した。わが国に対する三国干渉の舌の根の乾かぬうちに、二十九年、ロシアは清国に迫って、わが国を対象とする攻守同盟を結び、吉林・黒龍江両省を横断してシベリア鉄道に接続する鉄道の敷設権を得た。ドイツは三十年に宣教師二名が山東省に於いて殺害せられたことに藉口して膠州湾《こうしゅう》を占領し、翌年同地の九十九箇年租借権と、山東省に於ける鉄道敷設・鉱山採掘の権を獲得した。ロシアはこれを知ると更に清国に迫って、旅順・大連の二十五箇年租借権と、東清鉄道の支線を南満洲に敷設し、その沿線の鉱山を採掘する権を収めた。これを見た英国は、同じく三十一年ロシアとの勢力均衡のためと称して威海衛を租借し、一方には九龍半島をも租借した。わが国もこの情勢に鑑み、同年清国と交渉して、台湾の対岸福建省の不割譲・不租借を約せしめた。フランスもまた三十二年、広州湾の九十九箇年租借権を獲得した。

戊戌《ぼじゅつ》政変と北清事変

清国に於いては康有為《こうゆうい》等がわが国を範とする政治の革新を企図し、徳宗《とくそう》は有為を挙用して新政を断行した。しかしながら、当時実権は皇帝になく西太后にあり、西太后を中心とする保守固陋《ころう》の派は改革派を排撃し、徳宗を幽閉して新政を挫折せしめた。これを戊戌政変といい、わが明治三十一年の事である。かくてその反動として保守排外の傾向は助長され、山東省に義和団が扶清滅洋《ふしんめつよう》を標榜して蜂起し、明治三十二年遂に北京に進入して列国公使館区域を包囲攻撃した。ここに於いて日・英・米・露・独・仏・墺・伊八国は連合軍を編成し、北京に進撃して公使館を救った。清国は列国と講和条約を締結し、首魁《しゅかい》の処罰、三十九箇年賦による四億五千万テールの支払い、謝罪使派遣・公使館護衛のため列国軍隊の北京駐在を認めること等を約した。これを北清事変という。

明治三十七、八年戦役

この間、朝鮮・満洲の形勢も穏かでなく、危機は次第に迫って来た。朝鮮は三十年、国号を大韓帝国と改め、わが国はこれを指導して国政を改革せしめようとしたが、韓廷内の党争の宿弊は容易に改らず、親日派と親露派とが対立していた。ロシアは親露派を懐柔して半島に勢力を伸すと共に、満洲を併呑しようとする野望を抱き、北清事変の際、鉄道守備のためと称して大兵を満洲に送り、事変の解決後も撤兵しなかった。わが国はこの不法に対して抗議したが、ロシアはその態度を改めなかった。三十五年一月、わが国は英国と同盟条約を締結し、両国は清・韓二国の領土を保全し、両国が清国に於いて有する利益及びわが国が韓国に有する利益が他国から侵された場合は、互にこれを擁護するために必要な措置を講じ、もし両国の一方が各自の利益を防護するために第三国と開戦した場合は、同盟国の一方は直ちに共同して戦うべきことを約定した。ロシアはこの情勢に鑑み、三次に分けて満洲より撤兵すべきことを清国と約し、第一次の撤兵を行なった。しかしその後は約束を実行せず、更に韓国に爪牙《そうが》を伸し、森林伐採契約を口実として、鴨緑江下流一帯に軍事施設をなし、龍巌浦《りゅうがんぽ》を占領し、満洲に於いても武備を増強した。

抑々《そもそも》韓国の存亡は実にわが国安危の係わるところであり、又、満洲にしてロシアの領有に帰せんか、韓国の保全は支持するに由《よし》がない。わが国は平和のうちに時局を解決しようと図り、ロシアと交渉すること半歳に亙ったが、かれは毫も交譲の精神なく、時局の解決を遷延しつつ盛んに武備を増強した。三十七年二月、遂に日露の国交は断絶し、二月十日ロシアに対し宣戦の大詔が渙発された。

ロシアとの国交が断絶するや、わが連合艦隊は機先を制して旅順口及び仁川港外に敵艦隊を制圧し、陸軍の第一軍は鴨緑江方面より満洲に入り、敵を牽制している間に、第二軍・第四軍

日本海海戦

は相次いで遼東半島に上陸して北進し、遼陽《りょうよう》を陥れて敵軍を奉天に走らしめた。この間に、連合艦隊は旅順口の閉塞を敢行して敵艦隊を港内に圧迫し、第二艦隊は浦塩《うらじお》艦隊を制圧した。陸軍の第三軍は困難な旅順要塞の攻撃に従い、海軍と協力して、三十八年一月、遂にこれを陥れた。次いでわが満洲軍は奉天を本拠とする敵の主力を攻撃し、激戦十四日、三月十日に奉天を攻略し、更に北方に敗敵を追撃した。次いで五月二十七日わが連合艦隊は敵バルチック艦隊を対馬海峡に邀え撃ち決戦二昼夜にしてこれを殲滅した。一方、わが陸軍の一枝隊は樺太を占領し、又、北韓軍は図們《ともん》江畔に進み、ウラジオストック攻略の態勢を整えた。

　三十八年六月、米国大統領ルーズベルトは日露両国政府に講和を勧告したので、われは世界平和のためにこれに応じ、外務大臣小村寿太郎及び米国駐剳公使高平小五郎をポーツマスに遣した。ロシアもまたウィッテ及びローゼンの両名を派遣し、九月五日に到って講和条約の調印を終った。これをポーツマス条約という。条約の主な事項は、㈠ロシアは韓国に於けるわが国の優越権を承認すること、㈡日露両国は同時に満洲から撤兵すること、㈢清国の領土保全及び門戸開放主義を維持すること、㈣遼東半島の租借権及び長春以南の鉄道と、これに付属する炭坑等をわが国に譲り渡すこと、㈤北緯五十度以南の樺太島をわが国に割譲すること、㈥日本海・オホーック海及びベーリング海に臨《のぞ》む露領沿岸に於ける漁業権をわが国民に譲与することなどであった。

ポーツマス条約締結前後に亙り、米国の実業家ハリマンは、満洲に於ける東支鉄道買収を企てたが、小村大臣の明断は、よくかれの野望を斥けたのである。

この戦役には、陸海将士の奮戦とわが兵器の進歩と共に、国民の戦意が戦局を有利に導いた。旅順攻撃も日本海海戦も、兵力の損耗に聊かも屈せぬ士気に加え、国内団結し辛苦に耐えて勝ちを制したのであった。大国ロシアの不一致に反して、われはよく挙国一体の実を挙げ、以って国難を打開したのである。戦後、東郷司令長官が、「勝って兜の緒を締めよ」と訓示したことを、今新たに銘記しなければならない。

ポーツマス講和会議

日・露両国の兵力比較

日本	陸軍	平時		約一五、〇〇〇〇人
		総兵力	戦場参加（最終時）	約八四、〇〇〇〇人
			砲	六三六門
	海軍	総噸数		二六、〇〇〇〇噸
		戦時代用船を加えて		約三一、八〇〇〇噸
ロシア	陸軍	平時		約二〇七、〇〇〇〇人
		総兵力	戦時	約五〇〇、〇〇〇〇人
			戦場参加（最終時）	約九六、〇〇〇〇人
			砲	二二六〇門
	海軍	総噸数		約八六、〇〇〇〇噸

皇軍の陣容

陸軍	参謀総長	元帥 陸軍大将	山縣有朋
	満洲軍総司令官	元帥 陸軍大将	大山巌
	総参謀長	陸軍大将	児玉源太郎
	第一軍司令官	陸軍大将	黒木為楨
	第二軍司令官	陸軍大将	奥保鞏
	第三軍司令官	陸軍大将	乃木希典
	第四軍司令官	陸軍大将	野津道貫
	鴨緑江軍司令官	陸軍大将	川村景明
	韓国駐劄軍司令官	陸軍中将	長谷川好道
	独立第十三師団長	陸軍中将	原口兼済
海軍	軍令部長	元帥 海軍大将	伊東祐亨
	連合艦隊司令長官	海軍大将	東郷平八郎
	第一艦隊司令長官	海軍大将	東郷平八郎
	第二艦隊司令長官	海軍中将	上村彦之丞
	第三艦隊司令長官	海軍中将	片岡七郎

第十七章　日本の躍進

鮮満の経営

ポーツマス条約によって、わが国は韓国に於いて政治・軍事・経済上の優越権を有し、その指導・保護・監理を行なう権利を有することに定まったので、三十八年十一月、伊藤博文を遣して新たに協約を締結し、韓国をわが保護国となし、その外交権を収め、外交事務を監理せしめるために京城に統監を、必要な地に理事官を置くこととなり、同年十二月博文が統監に任ぜられた。四十年七月、更に新協約を結び、統監に内政監督の権をもたせることとし、四十二年、統監曾禰荒助《そねあらすけ》の時に到り、日韓覚書によって韓国の司法権もわが国に委任された。然るに同年十月伊藤博文がハルピン駅に於いて頑迷な一韓人のために狙撃されるという不祥事が起った。

ここに於いて韓国の一進会員は韓国の前途を憂えて、日韓合邦を韓廷及びわが統監府に上言したので、わが国も日韓両国の福祉増進と東洋平和確保のために、その必要を認め、四十三年、陸軍大臣寺内正毅《てらうちまさたけ》が統監を兼任するに及んで、韓国政府と協議し、八月併合条約を締結した。韓国を朝鮮と改め、新たに朝鮮総督府を置き、総督をして軍務・政務を統轄せしめ、漸次統治の諸制度を整備すると共に、殖産興業に力を注ぎ、一視同仁の皇化を半島の民に及すこととなった。

ポーツマス条約によって得た満洲に於けるわが権益は、三十八年十二月、清国と北京条約を締結して、これを承認せしめた。関東州には初め関東総督府を置いたが、三十九年関東都督府を新設してこれを管轄せしめ、又、南満洲鉄道株式会社〔四十年開業〕を設立し、都督府監督のもとに、長春・旅順間、奉天・安東間の鉄道経営と、これに付属する鉱業・水運・電気等の諸事業の運営に当らしめた。

国力の充実

内治の整備、国際的地位の向上に伴なって、国力は充実し、経済界の進展は実に目ざましいものがあった。農業は、技術の改良、耕地整理、需要等の増加によって、生産力を激増し、養蚕その他の副業の収入も逐年増加した。唯、農村人口の都市に移動する傾向が漸く著しくなって行ったことは重大な問題である。工業は政府の指導・奨励と、国民の企業熱の勃興により発達の一路をたどり、明治二十七、八年戦役を契機として、繊維工業は飛躍的に発達し、明治三十七、八年戦役前後からは、重工業の発達に目ざましいものがあり、その他の部門も躍進の途上にあった。石炭の生産高は、明治三十八年には千三百七十万噸《トン》、大正二年には二千百万噸、そのうち工業方面に消費された分が七百六十万噸であった。商業は年と共に複雑化し、巨額の資本を要するばかりか、企業上の危険も増加したため、株式会社が発達し、政府は明治二十六年、会社法を発布し、同三十二年、更に今の商法を以ってこれに代えることとした。政府は又、明治初年以来、銀行制度の改善、不換紙幣の償却、兌換制度の確立に努力し、明治三十年に到り、金本位制とした。外国貿易も、明治元年には輸出入合計二千六百余万円に過ぎなかったが、大正元年には十一億数千万円、昭和三年には四十一億七千万円に上り、まさに明治元年の百五十八倍にも当る躍進ぶりを示した。昭和五年の政府調査の国民所得総額は百六億三千六百万円で、これを産業別にすると、工業・商業・農業の順序となる。

国道は東京を中心として全国に通じ、その延長は八千四百粁《キロメートル》に達し、その他、府・県・市・町・村道等がある。鉄道は年と共に発達し、明治三十九年鉄道国有法を制定し、今やその延長は内地二万四千粁、朝鮮四千百粁、台湾千五百粁に達し、概ね国有である。鎖国以来沈滞していた海運も、明治以降民間の汽船会社が政府の保護を受けて発達し、日本郵船会社〔明治十八年設立〕、大阪商船会社〔明治十七年設立〕、東洋汽船会社〔明治二十九年設立〕の三大汽船会社の社船を始め、他の小船主に属する船舶も増加し、造船業の発達と相俟って、わが国は世界屈指の大海運国となった。又、航空交通の発達は近時特に著しく、通信も郵便・電信・無線の電信・電話など逐年発達、向上している。

文化の発達

わが国力の充実・発展の原動力となったものは、実に教育の発達と普及とであった。わが教育は、聖旨を奉体して逐年整備せられ、義務教育は特に発達普及し、明治三十九年には児童の就学率九割六分を超え、翌四十年就学義務年限を六年に延長した。各種中等学校・専門学校・大学に到る教育機関及び図書館・博物館等の社会教育施設の充実は、書籍・雑誌・新聞の刊行の隆盛と共に、文化の水準を向上せしめた。

美術も文芸も、明治初年には欧米の傾向を好んで採り入れたが、次第にわが国独自の発展を遂げ、又、医学・数学・天文学・工学等の自然科学も、史学その他の精神科学も、共にその発達目ざましく、世界に誇る作品が生まれ、偉大な研究が現れた。国力の発展に伴なって国民の教養が高まり、開国後僅かの年月の間に、日本文化は名実共に世界的な発展を遂げた。

明治天皇の崩御

国運がかくも進展したことは、まさに世界驚歎の的であった。これ一に、明治天皇の聖徳によるところである。日清・日露の両役を経ては、東亜を指導すべき重責はおのずからわが国に懸って来た。天皇は国歩艱難の時に長じ給い、御治世の実挙って益々国運の隆昌を迎え、世界の平和に貢献せられんとする時、図らずも御病に罹らせ給い、四十五年七月三十日国民悲歎のうちに御在位四十六年にして崩御あらせられた。

第十八章　大正時代と世界情勢

中華民国の成立

清国では明治四十一年、徳宗・西太后相次いで死し、徳宗の弟宣統帝《せんとうてい》が三歳で即位された。時に帝を輔弼する人物乏しく、満・漢人の対立は深刻化し、国内分裂して衰頽の状が顕著になった。やがて孫文を中心とする革命党は、武昌《ぶしょう》に挙兵して革命に成功し、清朝は二百九十六年にして亡び、中華民国が成立した。

第一次欧洲大戦とわが国

ヨーロッパでは世界政策の高ずるところ、英・独の衝突、アルザス・ロレーヌに関する独・仏の歴史的争奪、バルカン半島を中心とする汎スラブ主義と汎ゲルマン主義との衝突等が、大戦勃発必至の情勢を生んだ。たま〱大正三年〔二五七四〕六月、墺国皇太子の暗殺されるに及び、オーストリア＝ハンガリーはセルビアと戦端を開き、忽ちヨーロッパを、やがて世界を戦争の渦中に投じた。独・墺・土・ブルガリア四国に対して、連合国側は露・英・仏等二十余箇国を算し、五年に亙る大戦役になった。

先に締結された日英同盟は、明治三十八年に改めて期限を十箇年とし、同盟国は一国と一国との戦の場合に於いても、直ちに援助し合うことを約した。ここに大戦の勃発するや、わが国は戦禍が東亜に及ばないようにと希望したが、膠州湾がドイツの租借地であるので、おのずから東亜の安定が脅されるに至った。ここに、東亜の安定、日英同盟の誼《よしみ》を重んじ、同年八月二十三日、ドイツに対する宣戦の詔が渙発され、わが国は連合国側に立って参戦した。わが陸軍は海軍と協力し、膠州湾を攻めて青島を陥れ、海軍は進んでドイツ領南洋群島を占領し、更に英国の乞いにより、インド洋から遠く地中海方面まで出動して連合軍を援助し、又、わが赤十字社は医師・看護婦を欧洲戦線に派遣して傷病兵の救護に当らしめた。

大戦は容易に決せず、欧米各国は国力の消耗に苦しみ始め、ロシアには革命起って新たに共産主義のソ連政府が出現した。そうして未曾有の大戦も、大正七年ドイツが和を求め、翌八年六月ベルサイユ講和条約が締結されるに至った。わが国は西園寺《さいおんじ》公望《きんもち》・牧野《まきの》伸顕《のぶあき》らを派遣し、この条約でドイツから山東省の権益を譲り受け、講和会議に際して出来た国際連盟から、赤道以北の旧ドイツ領南洋群島の統治を委任された。ここにわが国は、英・米と相並んで世界の三大強国と称せられ、国際連盟の常任理事国となった。

戦後の国際問題

ベルサイユ条約によって作られたいわゆるベルサイユ体制は、実は英・米の世界制覇の野望

ベルサイユ講和会議

を達成する手段としての秩序に過ぎなかった。大戦の結果、英国は更に領土を拡大したので、益々勢力を加えた観があるが、既に老衰の兆が現れて、種々の問題に悩まされるようになった。米国は後れて参戦したので犠牲が少く、却って債権国として国際間に発言権を大にした。しかもかれは、みずから提唱した国際連盟にすら加らず、汎米主義のもとに両米洲をその傘下に置き、進んで英国と相提携して東亜に対する飽くなき支配欲をほしいままにし、更にヨーロッパのことにも容喙して、まさに国際間の驕児《きょうじ》となった。英・米・仏等は、戦敗国ドイツに対して再起不能と思われるほど苛酷な制裁を加え、旧ドイツ・墺匈《おうきょう》国領やバルカンには、民族自決の美名のもとに多くの弱小国を作って、却ってヨーロッパの不安定を助長した。国際連盟を中心とする国際協調主義も、米国流の民主思想も、実は、世界制覇を目ざす米英のたくらみにほかならなかったのである。更にソ連の世界赤化の謀略は、深甚《しんじん》な影響を世界に与えた。独・伊両国に起った民族主義・国粋主義に基づく新体制の運動とその成功とは、ベルサイユ体制に対する勇敢な反撥であり、赤化の謀略に対する正当な防衛である。かくて、日・独・伊三国を枢軸とする陣営と、英・米を中心とする反枢軸の陣営とが、おのずから国際間に対立するに至った。

第一次欧洲大戦の勃発と殆ど同時に、大正三年八月、パナマ運河は十年の歳月と巨費とを以って遂に竣工し、ここにいわゆる太平洋時代が出現した。米国は太平洋進出のために、この難工事を敢えてしたのであって、東亜の安定を保とうとするわが国と米英との国際関係はこれによって益々深刻な様相を呈して来た。

わが国と米国とは、明治三十七、八年戦役以前は表面親善の関係にあった。然るに、太平洋を隔てて相対する両国は、各々急速な発展を遂げ、米国の東亜に対する支配の増長するに従って、おのずから相対立する関係になった。日米関係を悪化せしめたものの一つは移民問題である。ハワイ及び米本土の開発にわが移民の寄与したことは甚大であるが、わが国勢の発展と、わが移民の優秀にして勤勉なのに脅威を感じた米国は、明治三十九年より不法にもわが移民の排斥を執拗に繰り返したのである。これに対して、わが国は隠忍《いんにん》自重《じちょう》し、外交交渉によって円満に解決しようと努力したにも拘らず、遂に関東大震災の翌年大正十三年七月、米国は新移民法を実施し、明らかにわが国民に対して差別待遇をなすに至った。

次は軍縮問題である。米国の東亜政策の発展形態を考えるに、貿易攻勢から金融攻勢へ、更に軍事攻勢へと推移した。軍縮問題は、表面は第一次欧洲大戦に鑑みて、人類の平和のために提唱されたもののようであるが、実は米国の東亜に対する軍事攻勢を有利に導かんとする謀略に出でたものである。米英が東亜に対する支配の野望を遂げるのに、唯一の障害は、わが国のもつ精鋭な武力、特に海軍力である。随って戦わずして、わが海軍力を劣勢なものに蹴落そうとたくらんだのである。大正十年〔二五八一〕十一月から翌年二月に亙って、米国の主催で開かれたワシントン会議に於いて、日・英・米・仏・伊の五大国は、その保有する主力艦の比率を定めたが、英・米各々の五に対して、わが国は三の比率となった。これに関連して、太平洋防備制限を協定し、英国は香港を、米国はグアム・フィリピンを、わが国は小笠原島・奄美大島・琉球・台湾・澎湖島及び千島を防備制限区域として現状維持を約した。更にこの時、日・英・米・仏の四国の間に協約が結ばれ、相互の領土を保全し、太平洋の紛争は会議によって解決すべきことを約した。なお、米英の東亜侵略のために都合のわるい日英同盟は廃棄された。又この時、中華民国に関する九箇国条約が結ばれて、わが国もこれに加り、互に中華民国の主権と領土とを尊重し、その健全な発達を援助することを約し、この国に於ける各国の商業上の機会均等を認めた。なおわが国はこの時、膠州湾を中華民国に還付することを約した。わが国は、世界特に東亜の平和のため、不利を忍んで右のような多くの譲歩をなしたのである。

大正の御代

日本は列強に伍して世界平和の確立に尽くし、東亜の保全に努めた。大正の御代には、日本の国力が充実し、国民の生活も一段と向上した。鉄道の発達、船舶の増加、生活物資の豊富な生産は、貿易を盛んならしめ、次第に輸入超過の傾向が顕著になった。飛行機も実用の域に進み、十四年からはラジオ放送が開始され、又、同年普通選挙法も公布された。科学方面の研究も年と共に進み、発明・発見も年々増加し、やがて昭和十年には一箇年の特許及び実用新案出願数に於いて世界第三位、登録件数に於いて第四位を占めるに至るのである。十二年九月の関東大震災にも屈せず、帝都は再建された。内外の憂患は躍進日本の試煉に過ぎなかったのである。しかしながら物質文化の進歩が、ややもすれば国民の自覚を鈍らせようとした一事は、思想国難として識者の特に憂えるところであった。大正十二年十一月、詔書を賜わり、国民精神を作興し、浮華《ふか》・軽佻《けいちょう》を斥けて質実剛健に趨《おもむ》き、公益世務に尽くせとの聖諭を拝したことは、まことに畏き極みである。内治にも外交にも、国民生活の上にも、広く世界の大勢を見、内に省みて、日本が新たに自覚すべき時は到来していたのである。

この頃、畏くも天皇は、不予《ふよ》久しきに亙らせられ、よって大正十年、皇太子裕仁親王を摂政とし給うたが、国を挙げての御平癒の祈願も空しく、御病勢は年と共に重《おも》らせられ、遂に大正十五年十二月二十五日、崩御あらせられた。

第十九章　満洲事変の歴史的意義

今上天皇の即位

今上天皇は元号を昭和と改められ、諒闇《りょうあん》明けて昭和三年十一月、即位の大礼を京都紫宸殿に挙げさせ給うた。即位に当り、優渥《ゆうあく》なる勅語を賜い、協心戮力、私を忘れ公に奉じ、天業恢弘の皇謨を翼賛するよう諭し給うた。

国際情勢の緊迫

欧米列国は内に軍備の拡張をたくらみつつ、外には軍備の縮小を唱えた。米国の如きは、昭和三年不戦条約を提案しながら、一方には海軍拡張計画をも発表したのである。その後昭和五年〔二五九〇〕四月締結されたロンドン海軍条約に於いては、主力艦保有量の比率を依然五・五・三とし、更に補助艦の保有量を制限し、わが国は大型巡洋艦に於いて対米比率六割強、軽巡洋艦及び駆逐艦に於いて対米七割を強いられ、潜水艦のみ三国同率と定められた。然るに、その後国際情勢は愈々緊迫し、右の比率を以ってしては、到底わが国防の安全を保ち得なくなった。かくて昭和九年〔二五九四〕十二月、わが国はワシントン海軍条約の廃棄を通告し、同条約は昭和十一年十二月末を以ってその効力を失った。

日・支関係の推移

東亜の安定を確保して世界の平和に寄与し、列国との交誼《こうぎ》を篤くして万邦共栄の楽しみを共にするのは、わが国の一貫した外交方針である。然るに、隣邦支那に於いては、中華民国成立以来も地方軍閥の政争止む時なく、孫文は分れて広東に政府を立て、北京の政権に対抗した。その没後、蔣介石は北伐を断行し、昭和二年南京に国民政府を樹立し、略々南北を統一したが、国民を統一する政策として利権回復の運動を盛んにし、外国、特にわが国を排斥することに力を注いだ。わが国は努めて支那の内紛に介入せず、専ら経済的提携によって共存共栄を図り、民国の健全な成育を期待した。然るに、国民政府・軍閥らはわが真意を解せず、みだりに排日運動を激化せしめるに至ったのは、主として米・英の使嗾・煽動によるのである。英国の支那侵略は阿片戦争以来、非人道的且つ老獪な手段を弄して来たが、米国に到っては美名に隠れて計画的な東亜攻勢を着々と進めたのである。即ち、支那に於ける通商上の門戸開放・機会均等及び支那の領土保全を唱えて、貿易攻勢から金融攻勢へと進み、更に軍事攻勢に出て来たのであるが、東亜の安定勢力たるわが国は、かれらにとって唯一の強敵であったから、米・英は提携して排日を煽動し、わが国を苦しめようとしたのである。それ故、日支関係の推移を考察する場合、表面の相手は支那であるが、覆面の敵は米英であることを明らかに認識しなければならない。

満洲事変とその影響

満洲は明治三十七、八年戦役以来、わが特殊権益の確保されている重要な地域である。然るに、この地方の実権を握る軍閥張学良は国民政府と通じて、わが公正な既得の権益をさえ侵害するに至った。遂に昭和六年九月、張軍は突如奉天北郊の柳條溝に於いて、南満洲鉄道線路を爆破し、守備兵を襲撃した。わが関東軍は直ちにこれを攻撃すると共に、進んで各地の残敵を討伐して、旧軍閥の勢力を満洲の地から駆逐した。これを満洲事変という。

満洲事変が起ってから、支那各地で排日・侮日・日貨排斥の暴挙が益々激しくなり、特に上海では、わが居留民が支那の軍隊及び暴民の危害を蒙ったので、わが国は、居留民保護のために海軍陸戦隊を派遣した。敵が挑戦するに及んで、更に陸軍をも出動せしめて、間もなくこれを鎮定した。時に昭和七年五月で、これを上海事変という。

満洲に於いては、満蒙各地の代表者が奉天に参集して東北行政委員会を組織し、昭和七年三月一日、満洲国の建国を中外に宣言し、前清国皇帝溥儀《ふぎ》を執政に迎え、都を長春に奠めて新京と改称し、中華民国と絶って、わが国の援助・指導によって、五族協和による王道楽土の建設に邁進することとなった。わが国は同年九月、列国に率先してその独立を承認し、日満議定書によって共同防衛を約した。そののち、満洲国は漸くその基礎が固くなり、昭和九年三月、溥儀執政を皇帝に推戴し、満洲帝国となった。日満両国の親善関係は、畏くもわが皇室と満洲帝室との間に最も美しく垂範せられた。康徳《こうとく》皇帝は、昭和十五年、恰も紀元二千六百年の佳《よ》き年に、慶祝のためわが国に来訪せられ、その際、皇大神宮・橿原神宮に参拝あらせられた。御帰国ののち、直ちに帝宮内に建国神廟《けんこくしんびょう》を創建して天照大神を奉祀し給い、詔書を下して国本《こくほん》を惟神の道に定められる旨を宣せられた。こうして、満洲帝国はわが国と一徳一心の間がらを以って、大東亜新秩序の重要な一環として、目ざましい発展を示している。

満洲事変が起ると、米英等は、これがベルサイユ体制崩壊の端緒となることを恐れて、支那政府と通謀し、国際連盟に提訴せしめて、われに不当な制裁を加えようとした。わが国は、わが公正な立場と現実の事態とを認識せしめようと努力したが、かれらはその態度を改めないのみか、責をわれに誣《し》いんとした。ここに到って、昭和八年三月わが国は国際連盟を脱退した。

米英等の不当な圧迫に対し、東亜の安定を確保して、世界平和に寄与する重大使命を担うわが国は、国際場裡に自主独往の毅然たる態度を示すべき決意を固めた。即ち、国防の安全を確保するために、ワシントン条約の廃棄を通告し、又、翌十年ロンドンで開かれた海軍軍備制限会議では、既定の比率を公正に改定することを主張したが容れられず、遂に会議を脱退したのである。

昭和十一年十一月、わが国はドイツとの間に、日独防共協定を結び、翌十二年十一月には、イタリアがこれに加盟し、ここに日・独・伊三国の間に亜欧を貫ぬく防共の堅陣が確立した。

これまた、英米中心の旧秩序の維持を目標とする陣営と、公正な世界新秩序建設の理想実現に邁進する陣営との対立を一層明白ならしめたのである。

日本的自覚の高揚

満洲事変を契機として、日本精神が一段と高揚され、国民の間には、国体に対する自覚が興り、欧米思想の悪影響もとみに是正されるようになった。時局に即応する国内体制が整備されると共に、八紘為宇の肇国精神に基づいて大東亜の新秩序を樹立せんとする、高邁な世界史的使命の自覚が澎湃《ほうはい》として興るに至った。更に支那事変が起るに及び、この自覚は一層深められたのである。

畏くも天皇陛下は、常に大御心を政教の刷新・向上に注がせられ、昭和十四年には、特に青少年学徒に勅語を賜わり、国家興隆の重責を担う学徒の向かうべきところを昭示あらせられた。昭和十五年、紀元二千六百年の紀元の佳節には、詔書を渙発あらせられ、神武天皇御創業当時をしのび奉り給い、和衷戮力、益々国体の精華を発揚して時艱を克服し、国威を高揚せよと諭し給うた。続いて十一月の式典には、重ねて優渥なる勅語を賜わり、わが惟神の大道を中外に顕揚して、人類の福祉と万邦の協和とに寄与せんことを期せよと宣《のたま》わせられた。臣道の実践を推進する大政翼賛会が設立されたのは、この年の事である。

第二十章　大東亜戦争と皇国の使命

支那事変

満洲国の健全な発達に協力し、日・満・支三国の強固な提携を根幹として、東亜永遠の平和を確保し、以って世界の平和・文化の向上に寄与せんとするは、わが国不動の国是である。然るに、支那はわが真意を解しないばかりか、隠忍自重の態度に乗じて、益々侮日・抗日の気勢を揚げ、遂に昭和十二年七月七日夜、支那軍は北京の南西蘆溝橋《ろこうきょう》に於いて、夜間演習中のわが支那駐屯軍の一部隊に対して不法な射撃を敢えてするに至った。わが国はこれに対して、現地解決・事態不拡大の方針を取り、支那政府の反省を促したが、不遜極まる支那政府は愈々武力抗戦の態度に出で、その波瀾《はらん》は北支のみに止らず、中支から南支へと拡大した。ここにわが国は断乎膺懲《ようちょう》の軍を進めることに決し、同年十一月、大本営が宮中に設置され、忠勇なる皇軍将士は、陸・海・空に緊密な共同作戦を進めて、十二月には早くも敵の首都南京を攻略して、城頭高く日章旗を翻した。しかもなお、蔣介石政権が重慶に拠って抗戦を止めないのは、米・英の支援があるからである。事変は速決の見込みなく、わが国は、十三年厚生省を新設し、国家総動員法を制定して長期戦に備えた。

南京占領後、わが政府は、重慶政権を相手とせず、われと提携するに足る新支那政権と共に、新秩序建設に向かって努力する旨を中外に声明し、次いで、無賠償・無割譲という道義的和平条件を示して、東亜新秩序建設の任務を分担せんことを支那に提言した。わが誠意に感激し、和平救国の熱情に燃える支那や蒙古の民は、北支に蒙疆《もうきょう》に中支に南支に新政権を樹立し、日支提携の気運も漸く熟して来た。かくて昭和十五年三月、汪精衛《おうせいえい》を首班とする新国民政府が南京に樹立され、同年十一月には、日華条約が締結され、又、日・満・華三国の間に了解事項の調印を了し、共同宣言が発せられた。

ここに帝国政府は新国民政府を正式に承認し、中華民国国民政府と満洲国政府とは相互に承認し、日・満・華三国は、大東亜共栄圏の確立を目ざして、相共に力強い歩みを進めることとなった。

第二次欧洲大戦

一方、ヨーロッパ新秩序の建設に邁進する独・伊等とベルサイユ体制を固守する英・米等との対立は、昭和十四年ドイツとポーランドとの開戦を契機として、英・仏両国のドイツに対する宣戦となり、これがイタリアのドイツ側参戦、独ソ戦へと拡大展開して、第二次欧洲大戦となった。

三国同盟

大東亜新秩序の建設は、ヨーロッパ新秩序の建設と相通う。先に防共協定を締結した日・独・伊三国間に昭和十五年九月更に重大な条約が締結せられた。即ち、わが国は独伊両国のヨーロッパに於ける、独・伊両国は、日本の大東亜に於ける、各々その新秩序建設に関し互に指導的地位を認め且つこれを尊重すること、日・独・伊の三締約国中いずれか一国が、現に欧洲戦争又は日支紛争に参加していない一国によって攻撃された時は、三国はあらゆる政治的・経済的及び軍事的方法によって、相互に援助すべきことを約したのである。又、わが国はソ連との間に、昭和十六年四月中立条約を締結し、両締約国は平和及び友好関係を維持し、その領土の保全及び不可侵を尊重すべきこと、締約国の一方が第三国より軍事行動の対象となる場合、他の締約国は、その紛争の全期間を通じ中立を守ることを約した。更に、同年七月、わが国と仏印間に共同防衛に関する協定が成立し、錯綜している国際情勢の中にあって、わが国の地位と責務とは益々重大となるに至った。

大東亜戦争

わが国が汪精衛を首班とする新国民政府を助け、これと条約を結んだのは、支那の更生と東亜の安定とを念願してのことである。然るに、重慶政権が今なお無益の抗戦を続けるのは、明らかに米・英がこれを支援しているからである。英・米は東洋制覇の野望を捨てず、百方《ひゃっぽう》支那事変の解決を妨害し、更にオランダを使嗾し、仏印を脅威し、わが国とタイ国との親交をも裂こうとし、わが大東亜共栄圏の確立をあらゆる手段を用いて妨げた。しかも、米国は英国が独・伊との戦争に傾倒しているのに乗じ、これに代って東亜に勢力を伸し、重慶政権支援の主役となったのである。

しかしわが政府は、日・米の戦が全人類に及す戦禍を顧慮し、米国を反省せしめようと隠忍自重、八箇月の久しきに亙って、これと折衝を重ねた。わが国の生存と面目との許す限り、互譲の精神を以って事態の平和的解決に努め、尽くすべきを尽くし、なすべきをなした。然るに米国は、徒らに架空の原則を弄して東亜の現実を認めようとせず、わが国力を過小に評価し、自国の物的勢力に自負して、米・英・蘭・支による対日包囲陣を強化し、経済断交を敢えてするなど経済上・軍事上の脅威を加えて、わが国を屈従せしめようとした。かくては、東亜の安定に関するわが国積年の努力が悉く水泡に帰するばかりか、実にわが国の存立さえが危殆に瀕せんとするに至った。ここに昭和十六年十二月八日、畏くも天皇陛下は、米国及び英国に対する宣戦の大詔を渙発あらせられたのである。

その日、直ちにわが海軍はハワイを急襲して、米国太平洋艦隊の主力を一挙に潰滅し、越えて十日マレー沖海戦に、英国海軍の新鋭を含む英国東洋艦隊を一瞬に撃滅した。又、宣戦と同時に開始された各方面の攻略戦は、陸海軍の緊密な連絡、精妙な作戦によって驚異的な進捗を見、香港の敵は十二月二十五日降伏し、マニラは昭和十七年一月二日完全に皇軍の占領するところとなり、更に二月十五日に到ってシンガポールの敵また降伏し、英・米の東亜に於ける拠点は次々に陥落した。

皇国の使命

今次の対米・英戦争は、支那事変をも含めて大東亜戦争と呼称する。その意味は、わが国の自存自衛を全うすると共に、大東亜新秩序の建設を目的とする戦だからである。大御稜威《おおみいつ》のもと、皇軍の戦果は相次いで揚り、軍政もまた順調に進んで、大東亜諸国家・諸民族の大東亜新秩序建設に対する熱意は燃え立った。日・満・華の紐帯《ちゅうたい》愈々固く、タイ国・仏印との提携益々緊密となり、ビルマ・フィリピンの独立は成り、又、インド開放の使命を担う自由インド仮政府が樹立され、マレー・スマトラ・ジャワ・ボルネオ・セレベス等の住民もまたわが軍政下に蘇《よみがえ》って、大東亜の諸地域は全く面目を一新したのである。昭和十八年十一月には、大東亜会議が東京に開催され、わが国を始め中華民国・タイ国・満洲国・フィリピン国・ビルマ国の代表のほかに、自由インド仮政府首班も陪席し、大東亜各国は相提携して大東亜戦争を完遂し、大東亜を米・英の桎梏《しっこく》より開放して、その自存自衛を全うする方策が樹立された。即ち、㈠共存則、㈠共栄の原則、㈡独立親和の原則、㈢文化高揚の原則、㈣経済繁栄の原則、㈤世界進運貢献の原則に基づき、大東亜を建設し、以って世界平和の確立に寄与せんとする宣言が、中外に発せられたのである。

今や敵の反撃侮りがたく、戦局は益々苛烈の度を加えて来た。われら国民は、宣戦の大詔に示し給うた大御心を奉体し、皇国の重大使命を認識し、必勝の信念を堅持し、国家の総力を結集して、大東亜戦争を勝ちぬかなければならない。

年表

皇国

御歴代	皇紀	年号	事項	時代
神武天皇		元	大和橿原宮に即位し給う	神代
懿徳天皇				
孝安天皇				
孝霊天皇				
孝元天皇				大和時代
崇神天皇	五六九	六	神鏡を宮中より大和笠縫邑に遷し祭らしめ給う	
	五七三	一〇	四道将軍を派遣せらる	
	五七五	一二	始めて人民を校し男女の調役を定めらる	
垂仁天皇	六五六	二五	皇大神宮を伊勢五十鈴の川上に建てしめ給う	
	六五九	二八	皇弟の薨去に際し殉死を止めしめ給う	

東亜及び世界

事項

- 釈迦入滅（一七六）
- 孔子没す（一八二）
- アレクサンドロス大王東征（三二七）
- 秦始皇帝の支那統一（四四〇）
- 前漢興る（四五九）
- 西暦紀元元年（六六一）

天皇	皇紀	年	事項
	六六六	三五	諸国に令し八百余箇所に池溝を掘らしめ給う
景行天皇	七四二	一二	熊襲を親征あらせらる
	七五五	二五	竹内宿禰をして東国を巡察せしめ給う
	七五七	二七	日本武尊熊襲を征し給う
	七七〇	四〇	日本武尊蝦夷を征し給う
成務天皇	七九五	五	国・郡・邑・里を分ち国造・県主・稲置を置き給う
仲哀天皇	八五三	二	熊襲親征のため穴門に行幸あらせらる
	八五九	八	熊襲親征のため筑紫に行幸あらせらる
	八六〇	九	神功皇后新羅を親征あらせらる
応神天皇	九〇七	四七	百済・新羅共に入貢す
	九三六	七六	高句麗入貢す
	九四四	八四	百済より阿直岐来たる
	九四五	八五	百済より王仁来たる
仁徳天皇	九七六	四	三年の課役を免じ給う
	九八二	一〇	課役の復活を聴許あらせらる

大和時代

後漢興る（六八五）
キリスト没す（六九〇）
仏教支那に伝わる（七二七）
ローマ皇帝の使節漢に来たる（八二六）
後漢亡ぶ（八八〇）
ササン朝ペルシャ興る（八八六）
西晋の統一成る（九四〇）
西晋亡び、東晋興る（九七七）
ローマ帝国東西に分裂す（一〇五五）

允恭天皇	一〇七五		四	盟神探湯を行ないて姓氏を正さしめ給う
雄略天皇	一一三六		二〇	高句麗百済を撃滅す
	一一三七		二一	百済に地を賜うて再興せしめらる
	一一三八		二二	豊受大神を伊勢山田に祭らせ給う
欽明天皇	一二一二		一三	百済聖明王、仏像・経論を献ず
	一二二二		二三	任那の日本府潰ゆ。任那の復興を諭詔し給う
崇峻天皇				
推古天皇	一二五三		一	厩戸皇子（聖徳太子）摂政御就任
	一二六三		一一	冠位十二階の制定
	一二六四		一二	憲法十七条の制定。暦の使用始る
	一二六七		一五	小野妹子隋に使す。法隆寺の創建
	一二八〇		二八	天皇記・国記等の撰録
舒明天皇	一二九〇		二	犬上御田鍬唐に使す
	一三〇〇		一二	留学生高向玄理・学問僧南淵請安ら唐より帰る
皇極天皇	一三〇五		四	蘇我蝦夷・入鹿父子誅に伏す
	一三〇五	大化	元	わが国年号の初め
孝徳天皇	一三〇六		二	改新の詔を宣べさせ給う
	一三〇九		五	冠位十九階御制定。八省百官の設置
	一三一二	白雉	三	班田訖る。新たに戸籍を造らしめ給う

大　和　時　代

後魏、江北を統一す（一〇九九）

西ローマ帝国亡ぶ（一一三六）

隋、支那を統一す（一二四九）

隋亡び、唐興る（一二七八）

ヘジラ（回教紀元元年）（一二八二）

唐太宗帝位に即く（一二八六）

サラセンと支那との通商開く（一三一〇）

天皇	皇紀	年号	年	事項	時代
斉明天皇	一三一八		四	阿倍比羅夫、蝦夷・粛慎を討つ	大和時代
	一三二一		七	九州行幸、百済を援けて新羅を討ち給う	大和時代
天智天皇	一三二三		二	わが軍百済を援けて唐軍と白村江に戦う	大和時代
	一三二五		四	唐使劉徳高来朝す	大和時代
				即位の大礼を近江大津宮に挙げ給う	大和時代
	一三二八		七	越国より燃土・燃水を献ず。近江令成る	大和時代
	一三三〇		九	戸籍を造らしめ給う（庚午年籍）	大和時代
天武天皇	一三四一		九	律令を改定せしめ給う。帝紀及び上古の諸事を撰録せしめ給う	大和時代
	一三四四		一二	八色の姓を定め給う	大和時代
文武天皇	一三六一	大宝	元	大宝律令成る	大和時代
元明天皇	一三六八	和銅	元	和銅開珎の鋳造	大和時代
	一三七〇		三	平城京に遷都し給う	大和時代
	一三七二		五	太安万侶古事記を撰進す	奈良時代
	一三七三		六	諸国に風土記の撰録を命じ給う	奈良時代
元正天皇	一三八〇	養老	四	舎人親王たち日本書紀を撰進す	奈良時代
聖武天皇	一三八八	神亀	五	渤海始めて入貢す	奈良時代
	一四〇一	天平	一三	国ごとに僧尼の国分寺を建てしめ給う	奈良時代
	一四〇三		一五	東大寺を建てしめ給う	奈良時代
孝謙天皇	一四〇九	天平感宝	元	陸奥国より黄金を献ず	奈良時代
称徳天皇	一四二九	神護景雲	三	和気清麻呂道鏡の非望を挫く	奈良時代
光仁天皇	一四三〇	宝亀	元	道鏡を流し、清麻呂を召還さる	奈良時代

唐玄宗帝位に即く（一三七二）

渤海建国（一三七三）

スマトラにシュリービジャヤ興る（一四〇〇頃）

サラセン東西に分裂す（一四一六）

桓武天皇	一四五四	延暦	一三	平安京に遷都し給う
	一四五七		一六	続日本紀の撰進。坂上田村麻呂を征夷大将軍に任じ給う
	一四六二		二一	胆沢城の築造
	一四六三		二二	志波城の築造
	一四六五		二四	最澄帰朝し天台宗を開く
平城天皇	一四六六	大同	元	空海帰朝し真言宗を開く
嵯峨天皇	一四七〇	弘仁	元	蔵人所の設置
	一四七六		七	検非違使の設置
	一四八〇		一一	弘仁格式の撰進
淳和天皇	一四八八	天長	五	空海綜芸種智院を設く
	一四九三		一〇	清原夏野ら令義解を献ず
仁明天皇	一五〇一	承和	八	日本後紀の撰進
文徳天皇	一五一七	天安	元	藤原良房太政大臣に任ぜらる
清和天皇	一五一八		二	良房摂政に任ぜらる（人臣摂政の始め）
	一五二二	貞観	四	高岳親王入唐せらる
	一五二九		一一	続日本後紀の撰進
陽成天皇	一五三九	元慶	三	日本文徳実録の撰進
	一五四〇		四	高岳親王薨去せらる
宇多天皇	一五四七	仁和	三	藤原基経関白に任ぜらる
	一五五四	寛平	六	遣唐使派遣の停廃
醍醐天皇	一五五九	昌泰	二	藤原時平左大臣に、菅原道真右大臣に任ぜらる
	一五六一	延喜	元	道真の左遷。日本三代実録の撰進

平　安　時　代

カール大帝、西ローマ皇帝となる（一四六〇）

平安時代

	一五六五	五	古今和歌集の撰進	
				契丹興る（一五七六）
	一五八七	延長 五	延喜格・延喜式の撰進	
朱雀天皇	一五九九	天慶 二	東国に平将門、西国に藤原純友の乱起る	
村上天皇				宋興る（一六二〇）
				オットー一大帝、神聖ローマ皇帝となる（一六二二）
一條天皇				安南に李朝興る（一六七〇頃）
後一條天皇	一六七九	寛仁 三	刀伊の賊対馬・肥前に寇し藤原隆家らこれを撃攘す	
後朱雀天皇				ビルマにパガン王朝興る（一七〇四）
後冷泉天皇	一七二二	康平 五	前九年の役平ぐ	
後三條天皇	一七二九	延久 元	新立荘園の停廃。記録所の設置	
堀河天皇	一七四六	応徳 三	白河上皇政を院中に聴かせ給う（院政の始め）	
	一七四七	寛治 元	後三年の役平ぐ	
				十字軍結成さる（一七五六―一九三二）
				女真興り、国を金と号す（一七七五）
崇徳天皇				宋の南渡（一七八九）
後白河天皇	一八一六	保元 元	保元の乱	
二條天皇	一八一九	平治 元	平治の乱	
六條天皇	一八二七	仁安 二	平清盛太政大臣に任ぜらる	
安徳天皇	一八四〇	治承 四	源頼朝・義仲、以仁王の令旨を奉じて兵を挙ぐ	
	一八四五	寿永 四	平氏の滅亡	
後鳥羽天皇	一八四五	文治 元	守護・地頭の設置を聴許あらせらる	
	一八五一	建久 二	栄西、臨済宗を伝う	
	一八五二	三	源頼朝、征夷大将軍に補せらる	

天皇	紀元	年号	年	事項	世界	時代
土御門天皇					テムジンの蒙古統一（一八六六）	鎌倉期
順徳天皇	一八七九	承久	元	源実朝害せらる		鎌倉期
仲恭天皇	一八八一		三	承久の変		鎌倉期
後堀河天皇	一八八四	元仁	元	親鸞、浄土真宗を開く		鎌倉期
	一八八七	安貞	元	道元、曹洞宗を伝う		鎌倉期
	一八九二	貞永	元	幕府、貞永式目を定む		鎌倉期
四條天皇					暹羅（タイ）にスコータイ王朝興る（一八九八）	鎌倉期
後深草天皇	一九一三	建長	五	日蓮、法華宗を開く		鎌倉期
亀山天皇					蒙古、国号を元と定む（一九三一）	鎌倉期
後宇多天皇	一九三四	文永	二	文永の役		鎌倉期
	一九三五	健治	元	北條時宗元使を斬る	マルコ・ポーロ元に来たる（一九三五）	鎌倉期
	一九三六		二	一遍、時宗を開く	南宋亡ぶ（一九三六）	鎌倉期
	一九四一	弘安	四	弘安の役		鎌倉期
伏見天皇					ジャワにマジャパイト王国興る（一九五三）	鎌倉期
後醍醐天皇	一九八四	正中	元	正中の変		鎌倉期
	一九九一	元弘	元	楠木正成の笠置参候		鎌倉期
	一九九二		二	隠岐に遷幸あらせる		鎌倉期
	一九九三		三	北條氏亡ぶ。京都還幸、新政を行なわせらる		鎌倉期
	一九九五	建武	二	足利尊氏叛す		鎌倉期
	一九九六	延元	元	湊川の戦。吉野遷幸		鎌倉期
	一九九八		三	北畠顕家・新田義貞戦死す		吉野時代
後村上天皇	一九九九		四	北畠親房、神皇正統記を著す	百年戦争起る（一九九九―二一一三）	吉野時代
	二〇〇八	正平	三	楠木正行戦死す		吉野時代
長慶天皇					元亡び、明興る（二〇二八）	吉野時代

天皇	皇紀	年号	年	事項
	二〇四一	弘和	元	征西将軍宮懐良親王、明の国書の無礼を咎めてこれを斥けらる
後亀山天皇	二〇五二	元中	九	京都に還幸あらせらる
後小松天皇	二〇六一	応永	八	足利義満使を明に遣す
後花園天皇				
後土御門天皇	二一二七	応仁	元	応仁の乱起る
後柏原天皇				
後奈良天皇	二二〇三	天文	一二	ポルトガル人種子島に漂着し鉄砲を伝う
	二二〇九		一八	宣教師ザビエル鹿児島に来たる
正親町天皇	二二二八	永禄	一一	織田信長の上洛
	二二三〇	元亀	元	信長、皇居を修理し奉る
	二二三三	天正	元	足利義昭、信長に追われ、室町幕府亡ぶ
	二二四二		一〇	本能寺の変
	二二四五		一三	豊臣秀吉、関白に任ぜらる
後陽成天皇	二二四七		一五	秀吉、キリスト教を禁ず
	二二四八		一六	聚楽第に行幸あらせらる

吉野時代	室町期	安土桃山期
チムール、サマルカンドに都す（二〇三〇）	東ローマ帝国亡ぶ（二一一三） スペイン王国の成立（二一三九） コロンブス始めてアメリカに到る（二一五二） バスコ・ダ・ガマ、インドに達す（二一五八） ルター、宗教改革を唱う（二一七七） ポルトガル、マカオを租借す（二二一六）	コサックのシベリア遠征開始（二二三九） オランダの独立宣言（二二四一） スペインの無敵艦隊大敗す（二二四八）

天皇	皇紀	年号	年	事項
	二二五〇		一八	海内平定す。徳川家康、江戸城に入る
	二二五一		一九	秀吉、インド・呂宋に入貢を促す
	二二五二	文禄	元	文禄の役始る
	二二五七	慶長	二	慶長の役始る
	二二五八		三	秀吉没す
	二二六〇		五	関原の戦
	二二六三		八	徳川家康、征夷大将軍に補せらる
	二二六七		一二	朝鮮使節来朝す
	二二六九		一四	幕府、蘭人の通商を許す。島津家久琉球を征す
後水尾天皇	二二七三		一八	幕府、英人の通商を許す。伊達政宗、使をローマに遣す
	二二七五	元和	元	大阪夏の陣。武家諸法度・禁中並公家諸法度成る
明正天皇	二二九五	寛永	一二	幕府、参勤交代の制を定む
	二二九七		一四	島原の乱
後光明天皇	二二九九		一六	幕府、ポルトガル船の来航を禁ず
後西天皇	二三一七	明暦	三	徳川光圀、大日本史編纂の業を起す

安土桃山期	江戸期
イギリス東インド会社の設立（二二六〇） オランダ東インド会社の設立（二二六二）	フランス東インド会社の設立（二二六四） ロシアのロマノフ王朝始る（二二七三） 後金（清）太祖帝位に即く（二二七六） オランダ人、ジャワのバタビアに総督を置く（二二七九） ロシア人、オホーツク海沿岸に進出す（二二九八） 明亡ぶ（二三〇四）

霊元天皇			
東山天皇			
中御門天皇	二三七〇	宝永 七	閑院宮家を創立し給う
	二三七一	正徳 元	幕府、朝鮮使節の待遇法を改む
	二三七五	五	長崎貿易の制限
	二三七六	享保 元	徳川吉宗将軍に補せらる
	二三八〇	五	吉宗洋書の禁をゆるむ
	二三八二	七	吉宗倹約を奨め参勤交代をゆるむ
桜町天皇	二四〇二	寛保 二	幕府公事方定書を作る
桃園天皇	二四一九	宝暦 九	幕府、竹内式部を罪す
後桃園天皇	二四三二	安永 元	田沼意次老中となる
光格天皇	二四四七	天明 七	松平定信老中となる
	二四五二	寛政 四	始めてロシアの使節来たる
	二四六八	文化 五	英船の来寇
仁孝天皇	二四八五	文政 八	幕府外国船の打払いを令す
	二四九四	天保 五	水野忠邦老中となる
	二五〇一	一二	天保の改革
	二五〇二	一三	外国船打払令をゆるむ

江戸期

ピョートル大帝位に即く（二三四二）
ネルチンスク条約（二三四九）
プロシア王国興る（二三六一）
大ブリテン王国の成立（二三六七）
キャフタ条約（二三八七）
米国の独立宣言（二四三六）
フランス大革命の勃発（二四四九）
濠洲英領となる（二四八九）
阿片戦争終る（南京条約）（二五〇二）

天皇	皇紀	年号	年	事項
孝明天皇	二五一三	嘉永	六	米使ペリー、露使プチャーチン来たる
	二五一四	安政	元	幕府、米・英・露諸国と和親条約を結ぶ
	二五一八		五	幕府、米・蘭・露・英・仏諸国と通商条約を結ぶ
	二五一九		六	安政の大獄
	二五二〇	万延	元	桜田門外の変
	二五二二	文久	二	坂下門外の変。幕政の改革を命じ給う
	二五二三		三	家茂上洛。長州藩外国艦船を砲撃す。薩摩藩英艦と戦う
	二五二四	元治	元	禁門の変。長州征伐
	二五二五	慶応	元	長州再征
	二五二六		二	徳川慶喜将軍に補せらる
明治天皇	二五二七		三	徳川慶喜大政を奉還す。王政復古の大号令を下し給う
	二五二八	明治	元	五箇条の御誓文を宣べさせ給う
	二五二九		二	東京奠都。版籍奉還
	二五三一		四	廃藩置県
	二五三二		五	学制領布。徴兵令の御制定
	二五三三		六	太陽暦を実施す
	二五三五		八	ロシアと千島樺太交換条約を結ぶ
	二五三七		一〇	西南の役起る
	二五三九		一二	始めて府県会開かる
	二五四二		一五	陸海軍人に勅諭を賜う

江戸期

米国、カリフォルニアを領有す（二五〇八）

クリミア戦役起る（二五一四—二五一六）

英仏連合軍、北京を陥る（北京条約）。ロシア沿海州を取る（二五二〇）

明治時代

フランス、カンボジアを保護国とす（二五二七）

スエズ運河の開通（二五二九）

イタリアの統一完成（二五三〇）

ドイツの統一完成（二五三一）

英国女王、インド皇帝を称す（二五三七）

天皇	皇紀	年号	事項
	二五四四	一七	朝鮮京城の変
	二五四五	一八	天津条約。内閣制度定まる
	二五四八	二一	近衛師団及び六箇師団設けらる
	二五四九	二二	帝国憲法を発布し、皇室典範を制定し給う
	二五五〇	二三	教育に関する勅語を賜う。第一回帝国議会を召集し給う
	二五五四	二七	清国に対する宣戦を布告せらる
	二五五五	二八	下関条約の締結
	二五五九	三二	義和団匪起る
	二五六二	三五	日英同盟成立す
	二五六四	三七	ロシアに対する宣戦を布告せらる
	二五六五	三八	ポーツマス条約
	二五七〇	四三	韓国併合
	二五七一	四四	日英同盟の改訂
	二五七二	四五	明治天皇崩御
大正天皇	二五七四	大正 三	ドイツに対する宣戦を布告せらる
	二五七九	八	ベルサイユ条約成る
	二五八一	一〇	ワシントン会議開かる。皇太子摂政御就任

時代	世界の事項
明治時代	英国、ビルマを併合す（二五四六）
	仏領インド支那の成立（二五四七）
	朝鮮、国号を韓と改む（二五五七）
	米国、ハワイ・フィリピンを領有す（二五五八）
	シベリア鉄道の完成（二五六二）
	清国亡び、中華民国成立す（二五七二）
大正時代	第一次欧洲大戦の勃発。パナマ運河の開通（二五七四）
	米国排日移民法を実施（二五八四）

天皇	皇紀	年号	事項
今上天皇	二五八六	一五	大正天皇崩御
	二五八七	昭和 二	ジュネーブ軍縮会議開かる
	二五九〇	五	ロンドン軍縮会議開かる
	二五九一	六	満洲事変起る
	二五九二	七	上海事変起る。満洲国を承認す
	二五九三	八	国際連盟より脱退す
	二五九四	九	ワシントン条約の廃棄
	二五九五	一〇	ロンドン軍縮会議開かる
	二五九六	一一	ロンドン軍縮会議脱退
			日独防共協定成る
	二五九七	一二	支那事変起る
	二五九八	一三	国家総動員法案成立す
	二五九九	一四	青少年学徒に勅語を賜う
	二六〇〇	一五	紀元二千六百年式典挙行さる
	二六〇一	一六	米英に対する宣戦を布告せらる
	二六〇三	一八	大東亜会議東京に開催さる

昭和時代

満洲国建国（二五九二）

満洲国の帝制実施（二五九四）

中華民国維新政府南京に成立す（二五九八）

英仏の対独宣戦（第二次欧洲大戦勃発）（二五九九）

中華民国新国民政府成立（二六〇〇）

独ソの開戦（二六〇一）

ビルマ独立宣言。フィリピン独立宣言。

自由インド仮政府成立（二六〇三）

用語説明

能《あた》わず　できない
乾霊《あまつかみ》　高天原の神々
安撫《あんぶ》　安心させなだめること
異数《いすう》　他に例のないこと
斎《いつ》く　敬って大切に世話をする
一視同仁《いっしどうじん》　全ての人を平等にいつくしむこと
烏有《うゆう》　何もないこと
運上《うんじょう》　江戸時代の雑税の一種
叡旨《えいし》　天皇のお考え
叡慮《えいりょ》　天皇のお考え
衛府《えふ》　宮中の警衛をつかさどる部隊
汪精衛《おうせいえい》　汪兆銘《ちょうめい》
大八洲《おおやしま》　日本の古称
億兆《おくちょう》　臣民
恢弘《かいこう》　事業や制度などを世に広めること

海内《かいだい》　国内
瑕瑾《かきん》　傷
畏《かしこ》くも　恐れ多くも
臥薪嘗胆《がしんしょうたん》　復讐を心に誓い日々辛苦すること
確乎不抜《かっこふばつ》　安定して動かないこと
嘉納《かのう》　高位の者が進言を快く聞き入れること
管《かん》する　管理する
渙発《かんぱつ》　詔勅を広く発布すること
感奮《かんぷん》　感動して奮い立つこと
涵養《かんよう》　ゆっくりと育てること
忌諱《きき》　忌み嫌うこと
紀綱《きこう》　政治の根本となる大綱
危殆《きたい》　非常に危険なこと
救恤《きゅうじゅつ》　困っている人に金品などを与えて救うこと
休戚《きゅうせき》　喜びと悲しみ

教化《きょうか》　教え導き、善に向かわせること
教学《きょうがく》　教育と学問
恐懼《きょうく》　おそれいってかしこまること
驕惰《きょうだ》　驕り高ぶって、ほしいままにすること
玉成《ぎょくせい》　立派な人物に育てあげること
倨傲《きょごう》　傲慢
御撰《ぎょせん》　天皇が編集した書物
欽定《きんてい》　君主の命により制定すること
颶風《ぐふう》　暴風
雲居《くもい》　宮中
訓詁《くんこ》　古い言葉の意義を解釈すること
京師《けいし》　みやこ
軽佻《けいちょう》　浮わついて、軽はずみなこと
経綸《けいりん》　国家の秩序を整え、治めること
建白《けんぱく》　政府などに自分の意見を申し立てること
顕揚《けんよう》　功績などをたたえて世間に広めること
宏遠《こうえん》　広く奥深いこと

皇基《こうき》　天皇が統治する国の基礎
薨去《こうきょ》　親王または三位《さんみ》以上の者が亡くなること
孝子《こうし》　親に孝行な子
宏壮《こうそう》　広大で立派なさま
交趾支那《こうちしな》　ベトナム南部
拘泥《こうでい》　必要以上にこだわること
宏謨《こうぼ》　天皇が国家を統治する計画
興隆《こうりゅう》　勢いが盛んになり栄えること
国衙領《こくがりょう》　平安時代中期頃以降の公領を指す歴史学用語
克復《こくふく》　困難を乗り越え元の状態を取り戻すこと
戸口《ここう》　戸数と人口
故実《こじつ》　昔の儀式などの決まりや習わし
御料所《ごりょうしょ》　皇室の所有地
固陋《ころう》　古い物に固執し新しい物を受容しないこと
細民《さいみん》　貧しい人々
作興《さっこう》　奮い立たせること

参酌《さんしゃく》　他を参考にして長所を取り入れること
誣《し》いる　事実を曲げて言う
時艱《じかん》　その時代の当面している難題
旨趣《ししゅ》　その目的や意味・内容
諮詢《しじゅん》　参考として他の機関に意見を求めること
使嗾《しそう》　人に指図してそそのかすこと
桎梏《しっこく》　自由な行動を束縛すること
時弊《じへい》　その時代の弊害
藉口《しゃこう》　口実をもうけること
衆寡敵《しゅうかてき》せず　少数では多数にとても勝てない
修史《しゅうし》　歴史書を編纂すること
周旋《しゅうせん》　処理するために動き回ること
宿弊《しゅくへい》　昔から続いている悪習
酒精《しゅせい》　エチルアルコール
醇化《じゅんか》　余分なものを除き、純粋なものにすること
順逆《じゅんぎゃく》　道理に従うことと背くこと
醇正《じゅんせい》　まじり気のない本物であること

淳風《じゅんぷう》　人情の厚い素朴な風習
償金《しょうきん》　賠償金
尚古《しょうこ》　昔の文物、制度を尊ぶこと
商賈《しょうこ》　商人
上古《じょうこ》　大化の改新の頃までの時代区分
情実《じょうじつ》　個人的感情で公正な扱いができない関係
誦習《しょうしゅう》　書物などを口に出して何度も読むこと
処士横議《しょしおうぎ》　在野の論者が勝手気ままに議論すること
爾来《じらい》　それ以来
宸翰《しんかん》　天皇自筆の文書
振起《しんき》　盛んにすること
新儀《しんぎ》　新しいきまり
宸襟《しんきん》　天皇のお心
森厳《しんげん》　厳粛でおごそかなさま
親裁《しんさい》　天皇がみずから裁決を下すこと
唇歯輔車《しんしほしゃ》　密接不離の関係
振粛《しんしゅく》　緩んだ気風を奮い起こして引き締めること

人臣《じんしん》　臣下
親征《しんせい》　天子みずから征伐に出ること
親疎《しんそ》　親しい間柄と親しくない間柄
宸筆《しんぴつ》　天皇の自筆
親臨《しんりん》　貴人自らその場に出向くこと
水旱《すいかん》　洪水と干魃
垂範《すいはん》　模範を示すこと
世局《せいきょく》　世の成り行き
誓詞《せいし》　誓いの言葉
石鏃《せきぞく》　石のやじり
節婦《せっぷ》　貞節な婦人
遷延《せんえん》　長引くこと
擅権《せんけん》　好き勝手に権力を振るうこと
専恣《せんし》　ほしいままにすること
践祚《せんそ》　皇位継承
仙洞《せんとう》　上皇の御所
闡明《せんめい》　不明瞭なものを明らかにすること

宣揚《せんよう》　広く世の中に示すこと
桑港《そうこう》　サンフランシスコ
奏請《そうせい》　天皇に奏上して裁可を求めること
壮丁《そうてい》　成年に達した男子
壮図《そうと》　規模が非常に大きい計画
素志《そし》　平素抱いている志
即闕《そっけつ》の官《かん》　太政大臣の異称
多端《たたん》　仕事や事件が多くて忙しいこと
民草《たみくさ》　人民を草に例えた語
知行《ちぎょう》　領地や財産を直接支配すること
知行制度《ちぎょうせいど》　知行地を分与して主従関係を結ぶ制度
致仕《ちし》　官職を退くこと
治績《ちせき》　国をよく治めた功績
駐箚《ちゅうさつ》　役人が外国に派遣され滞在すること
柱石《ちゅうせき》　国家などを支える中心人物
注疏《ちゅうそ》　経書などの字句に詳しい説明を加えたもの
紐帯《ちゅうたい》　二つのものを固く結び付けるもの

朝儀《ちょうぎ》　朝廷が行う儀式
聴許《ちょうきょ》　訴えを聞き入れて許すこと
肇国《ちょうこく》　建国
重畳《ちょうじょう》　幾重にも重なること
徴する《ちょう》　召す、または照らし合わせる
調賦《ちょうぶ》　貢ぎ物
勅封《ちょくふう》　蔵などを勅命によって封印すること
通暁《つうぎょう》　精通していること
出目《でめ》　貨幣改鋳で生じた益金
典雅《てんが》　整っていて上品なさま
天業《てんぎょう》　天皇の国を治める事業
天神地祇《てんしんちぎ》　天の神と地の神
登極《とうきょく》　即位
内訌《ないこう》　内紛
万機《ばんき》　政治上の多くの重要な事柄
頒賜《はんし》　品物を分かち賜ること
藩鎮《はんちん》　唐代の節度使の異称

叛服《はんぷく》　背くことと従うこと
碑陰《ひいん》　石碑の裏面
丕基《ひき》　天子が国を統治するための土台
備荒貯蓄《びこうちょちく》　凶作に備え米や金銭を蓄えること
秕政《ひせい》　悪い政治
弥縫《びほう》　失敗を一時的にとりつくろうこと
百方《ひゃっぽう》　あらゆる方面
剽悍《ひょうかん》　すばやくて荒々しく強いこと
風儀《ふうぎ》　風習
風尚《ふうしょう》　その時代の人の好み
風靡《ふうび》　風が草木をなびかせるように、なびき従わせること
浮華《ふか》　うわべばかり華やかで中身のないこと
馥郁《ふくいく》　よい香りの漂っているさま
扶植《ふしょく》　勢力を植えつけること
舟師《ふないくさ》　水軍
不如意《ふにょい》　経済状態が苦しいこと

布帛《ふはく》 木綿ものと絹もの
部面《ぶめん》 物事を幾つかに分けた一つの部分
不予《ふよ》 天皇、貴人の病気
文運《ぶんうん》 文化が発展しようとする気運
紊乱《ぶんらん》 秩序・風紀が乱れること
聘《へい》する 礼をつくして招く
弊風《へいふう》 悪習
邦家《ほうか》 国家
報賽《ほうさい》 お礼参り
澎湃《ほうはい》 物事が盛んにわき起こるさま
方物《ほうぶつ》 その地方の産物
暴戻《ぼうれい》 荒々しく道理に背く行為をすること
輔弼《ほひつ》 大日本帝国憲法の下、天皇の大権行使に大臣が行う助言
蒔絵《まきえ》 日本独自の漆工芸技法
御稜威《みいつ》 天皇の威光
みそなわす 天皇がご覧になること
御霊代《みたましろ》 御神体
無窮《むきゅう》 永遠
明徴《めいちょう》 証拠に照らして明らかにすること
優渥《ゆうあく》 恵み深いこと
雄健《ゆうけん》 力強く勢いのよいこと
雄渾《ゆうこん》 雄大で勢いがあること
有司《ゆうし》 役人
諭告《ゆこく》 口頭でさとし告げること
容喙《ようかい》 差し出口
輿論《よろん》 天下の公論
戮力《りくりょく》 力を合わせること
隆昌《りゅうしょう》 勢いの盛んなこと
諒闇《りょうあん》 天皇が父母の崩御にあたり服する喪の期間
陋習《ろうしゅう》 悪い習慣
脇往還《わきおうかん》 江戸時代の五街道以外の主要な街道

「復刻版　歴史 皇国篇」解説

先人の歴史観、如何に

宇山卓栄（著作家）

教科書『歴史 皇国篇』とは何か

一九四〇年から終戦まで、戦時体制が強化され、「皇国史観」も教育で徹底されたと言われます。この時期に導入された歴史教科書が本書『歴史 皇国篇』です。

戦前の歴史授業では、「皇国史観」とともに、民族主義や国粋主義ゴリゴリの教育が押し付けられていたかのようなイメージがあります。もちろん、当時の大東亜戦争を勝ち抜くために、国威発揚を図らねばならず、教育においても、皇室崇敬、戦争美化、国家主義が称揚されている部分は少なからずあります。

ただし、それは抑制的なものであったことが、本書によって、明確に理解できます。当時の世界の教科書規準と比べてみても、我が国の教科書だけが突出して、国家主義的であったとは言えません。まして、欧米の教科書や思想にありがちな民族優位主義は全くと言ってよい程に無縁、「東亜の平和」が繰り返し説かれ、先人たちが世界の諸民族の協和を切望していたことが本書から読み取れます。

よく、戦前の教育が「皇国史観」により、歴史の事実をねじ曲げ、天皇絶対を強いたなどと言われますが、本書を見る限り、そのような極論が書かれていることはありません。

本書『歴史 皇国篇』は一九四五年二月に作成された中等学校国民科歴史の教科書です。「第一章 肇国」〜「第二十章 大東亜戦争と皇国の使命」で構成されています。

『歴史 皇国篇』は国定教科書ではありませんが、中等学校教科書株式会社を著作者兼発行者とする検定教科書です。言わば、民間が編纂し、国から検定合格の認定を受けた教科書です。しかし、この教科書は終戦間近というタイミングで、実際に発行されておらず、教育現場で使われることのなかった「幻の教科書」なのです。国定教科書の『中等歴史』とともに、歴史の授業の中で、並行して使われる予定でした。当時、追い込まれていく戦時下の日本において、改めて、皇国にとっての大東亜戦争の意義を問う授業が必要でした。

本書を通して、何よりも感じるのは当時の教育水準の高さです。字句や文章表現の豊かさ、当時の子弟らがそれらを易々と読解することができたことに驚きます。政治・経済や地理についての理解も高度に要求され、決して平易な教科書ではありません。

私は歴史教育の現場（予備校世界史講師）で二十年以上、教鞭をとってきましたが、このレベルの教材で、今日の学生たちに教えるのは困難です。戦前の教育水準が如何に高かったかを、本書を通して、うかがい知ることができます。

では、先人達がどのように、我が国の歴史を捉えていたのか、当時の子弟らがどのように、それを学んでいたのか、本書の具体的な記述から、読み解いていきましょう。

建国

戦前の歴史教科書は本書に限らず、「縄文時代」や「弥生時代」という時代区分はなく、「神代史」からはじまります。皇祖の天照大神からニニギノミコトによる天孫降臨、そして神武東征などの記紀（古事記と日本書紀）神話から始まります。

鸕鷀草葺不合尊の御子神武天皇は、天資英邁にましまし、東方に美地ありと聞し召して、天業を恢弘するにふさわしい地と仰せられ、皇兄五瀬命を始め諸皇子と図って、東征の御事を決し給うた。

今日の教科書のような、縄文時代・弥生時代の考古学的な古代史ではなく、天皇による統治がどのように始まったのかが記述されています。ただし、戦前にも、縄文や弥生の時代概念はありましたが、記紀神話に重点が置かれていました。

天皇による統治について、以下のように定義されています。

わが国に於いては御歴代の天皇の行なわせ給う政治は、総べて皇祖の肇め給う天業の恢弘であり、皇祖皇宗を斎き給うことは皇祖皇宗の大御心を承け継がせ給うことであり、これを「まつりごと」という。

任那日本府

四世紀末から六世紀、日本は朝鮮半島南部を統治していました。これについて、日本や韓国では賛否両論あるものの、世界では共通の認識となっています。アメリカ、カナダ、オーストラリアの教科書、そして、中国の教科書にまで、日本の半島南部統治について記述されています。

しかし、現在の日本の一般的な教科書には、これについての記述がありません。「新しい歴史教科書をつくる会」による教科書で、「倭（日本）は加羅（任那）を根拠地として百済をたすけ、高句麗に対抗」と記述されていましたが、文部科学省は二〇〇二年、「近年は任那の恒常的統治機構の存在は支持されていない」と検定意見を付け、突き返しています。

しかし、さすがに本書では、しっかりと言及されています。

崇神天皇の御代に弁韓の一国任那が朝貢し来たって、新羅に侵されることを訴え、わが国の援助を求めたので、天皇は塩乗津彦を遣してこれを援助せしめられた。次いで仲哀天皇崩御ののち、神功皇后は熊襲を使嗾する新羅を征討あらせられ、間もなく百済・高句麗もわが国に服属した。かくの如く半島との交渉が密接になるに及んで、多数の半島人が来朝、帰化した。応神天皇の御代に、弓月君が百済百二十県の民を率い、阿知使主が十七県の民を率いて来朝、帰化した如きはその著しいもので、かれらの子孫は畿内を始め諸方に居住した。

『日本書紀』の雄略紀や欽明紀では、日本（大和王権）が任那をはじめ伽耶を統治していたことが記されています。ここで言う伽耶は朝鮮南部の広域地域を指す呼び名です。

「広開土王碑」には、日本は三九一年、百済を服属させたことが記されています。新羅と百済は日本に王子を人質として差し出し、日本は任那を足場として、約二百年以上、朝鮮半島へ大きな影響力を行使しました。

中国の史書『宋書』では、倭の五王の朝鮮半島への進出について、記述されています。同書の中の「倭国伝」では、倭王讃《さん》が死に、その弟の珍が後を継ぎ、使者を派遣した際に、朝鮮半島南部一帯（「百済・新羅・任那・加羅・秦韓・慕韓六国」と記述）を支配する「安東《あんとう》大将軍倭王」に任命するよう求めたとされ、宋の文帝は詔を出して、これに応じたと記されています。

こうした古代日本の朝鮮統治の実態が、戦前の歴史教科書にはしっかりと記されていました。それが、近隣諸国に配慮してか、戦後、教えられなくなったのです。

武士の世

「神代史」から古墳時代、そして奈良時代において、天皇が政治の実権を握っていました。しかし、奈良時代後期から平安時代に、藤原氏が台頭し、次第に天皇の実権が奪われていきます。

平安時代後期、武士が登場すると、天皇の実権は完全に失われ、皇国としての政治実態が変容していきます。その過程を本書では以下のように描いていています。

中央の紀綱が弛み、地方政治が紊乱するにつれて、農民の中には耕地を失って放浪し、或は山賊・海盗の群に投ずる者も生じたが、治安を維持すべき制度は既に崩れていた。

〔中略〕

豪族の上下の間には固く主従関係が結ばれ、集団組織が次第に強化拡大された。これを率いて勢力を振るうに至ったのが源・平の両氏である。朱雀天皇の御代に起った承平・天慶の乱に源経基・平貞盛が功を立ててから、両氏は擡頭が著しくなった。

〔中略〕

かかる折から、藤原氏一族間の権勢争奪に端を発して保元・平治の乱が起り、藤原氏は源平二氏の武力を利用せんとしたが、却って武家に中央政界に進出する機会を与える結果となった。即ち、両度の乱に功のあった平清盛は、遂に太政大臣に任ぜられ、皇室の外戚となって、藤原氏に代る地位を占めた。しかし、平氏は専横な行動が多かったので、間もなく源氏の討滅するところとなった。

〔中略〕

源頼朝は平氏の没落ののち、朝廷から全国の治安維持の任に当るべき御許しを拝したが、全国の平定後、征夷大将軍に補せられ、幕府をその根拠地鎌倉に開いた。

武士は天皇の実権を奪いながら、日本各地で台頭していきますが、必ずしも、それを否定的には描いていません。中央の統治が地方にまで及ぶことには、限界があり、自ずと地方勢力の台頭を招くことになり、それが武士の世となったと記されています。

そして、この武士たちが皇室と協働して、外敵を撃退していきます。それが元寇です。

元寇はわが国未曾有の国難であったが、御稜威のもと、挙国一体よくこれを克服し、以って神州不動の国体を擁護したのであった。亀山上皇は文永の役に焼失せる筥崎宮の再建に当って、敵国降伏の宸書を神殿の礎石に籠めさせられ、又、弘安の役には宸筆の御願文を神宮に奉り、御身を以って国難に代らんと祈らせ給うた。幕府も、時宗以下身を挺して事に当り、軍略・用兵にも万全を期し、将士また戦意旺盛にして、よく命を奉じて奮闘したのである。

当時、大東亜戦争を戦っていたわが国は、元寇の国難を克服したという歴史経緯を重んじていました。如何に強い外敵でも、臣民の結束と意志により、それを撃退できるという訓示を与えようとしました。元軍撃退の奮闘を縷々《るる》、詳細に記し、「このような国を挙げての尽忠の至誠が、未曾有の国難を克服したのである」と結んでいます。

建武中興

楠木正成の評価は戦前と戦後で大きく異なります。戦後の教科書では、楠木正成は室町幕府の創設者である足利尊氏に対し、反乱を主導した一介の軍閥であったということが解説されています。楠木正成には世の中を混乱させた反逆者のようなイメージがある、というのが一般的でしょう。江戸時代、水戸藩は『大日本史』を編纂しました。そこでは、尊皇主義の史観によって、南朝が正統とされ、楠木正成は「忠臣」とされました。

続いて明治維新で王政復古が実現すると、後醍醐天皇の建武中興の意義が見直され、帝を支えた楠木正成の再評価がなされ、大楠公と呼ばれ、忠臣の象徴になります。一八八〇年には「正一位」が追贈されます。一方、足利尊氏は「朝敵」にされ、教科書でも「天皇の新政に異議を唱えた逆賊」と教えられるようになります。本書でも、以下のように記されています。

元弘四年〔一九九四〕は建武と改元され、新政はここに発足を見た。しかしながら、中央に於いては、公武の間に円満を欠き、地方また依然として複雑な土地領有関係にあり、特に武士には旧来の主従関係が堅持され、統一政治の実を挙げることは困難であった。更に論功行賞に関して不平を抱く者さえ現れ、足利尊氏の如きは、皇恩の篤きを思わず、武家政治再興の野望達成の機をうかがうに至ったのである。大義を弁えず、多年に亙って、武家主従の情実に慣れた輩は、私利私欲のために尊氏の懐柔に応じた。

後醍醐天皇は室町時代を通じて、元々、時勢の見極めができなかった天皇として、悪く評価されていました。しかし、明治以降、後醍醐天皇は武家政権たる幕府を倒し、天皇中心の国体を樹立しようとした政治的正統と見なされ、楠木正成もまた「勤皇の将士」として讃えられるようになります。

建武二年尊氏は、中先代の乱に乗じて、遂に鎌倉に拠って叛き、やがて京都に攻め上ったが、間もなく破られて九州に走った。菊池武敏は阿蘇惟直と共にこれを多々良浜に攻めて惜しくも敗れ、尊氏は勝ちに乗じて大挙東上した。ここに楠木正成は、勅命を奉じて湊川に邀え撃ち、衆寡敵せず、力戦奮闘ののち遂に壮烈な最期を遂げた。時に延元元年五月である。

応仁の乱と戦国

応仁の乱では、京都の多くの場所が戦乱で灰燼に帰しました。京の街をはじめ、全国各地で、物資不足や疫病などの被害も発生し、山城・大和の両国が暴風雨に襲われ、京都の鴨川は洪水となります。多くの地域で、たびたび飢饉に見舞われるという、日本史上、悲惨な時代でした。

この惨状を、当時の皇室が深く憂いていたことが本書で紹介されます。

後花園天皇は、足利義政が民の疾苦を顧みず、土木の業を起すを見給い、御製の詩を賜わってこれを誡め給うた。後奈良天皇は天文年間諸国に飢饉・疫病が流行した際、御みずから般若心経を書写し給い、その功徳によって民の憂苦を除こうと思し召された。しかもその奥書には、「朕民の父母として徳覆う能わず、甚だ自ら痛む」とさえ記し給うたのであって、御仁慈のほど、申すも畏き極みである。

このような戦乱の中から現れたのが織田信長です。本書では、信長を「勤皇の心に篤く」と高く評価しています。

信長は、父同様勤皇の心に篤く、永禄十年〔二二二七〕正親町天皇から御料所回復の勅旨を拝し、翌年京都に上って皇居を修造し、御料所を回復して勤皇の誠を致し、将軍義昭を助けながら、その間諸侯に号令し得る地位を築いた。

豊臣秀吉については、以下のようにあります。

関白を拝命し太政大臣に任ぜられ、豊臣の姓を賜わった。天正十六年には聚楽第に後陽成天皇の行幸を仰ぎ、御料所を献じ、諸大名をして皇室を尊崇し関白の命に違背せざることを誓わしめた。

大東亜戦争中、豊臣秀吉の朝鮮出兵は大東亜共栄圏構想の歴史的先駆けをなすものとして、再評価されるようになっていました。朝鮮出兵は、秀吉が明国への征服欲を満たそうとして行われた私的なものではなく、迫りくるスペインのアジア植民地化への対抗策、アジア全域の防衛策であったとされます。

奈良静馬《しずま》が昭和十七年に著した『スペイン古文書を通じて見たる日本とフィリピン』（経営科学出版により復刻）などが、そのような論説の代表的なものでした。秀吉はスペイン・ポルトガルのアジアへの侵略に対抗する独自のアジア戦略を打ち出したと高く評価されています。

本書でも、以下のようにあります。

秀吉の如きは、かかる東亜の形勢に鑑み、皇国を中心とする大東亜の経綸を行なわんとした。文禄・慶長の役はその端緒であり、既に天正十九年、ポルトガル領インドのゴアの総督に対し、キリスト教禁止、貿易許可を旨とする書状を与え、フィリピンには速かに来降することを命じ、更に文禄二年、高山国即ち台湾に対しても入貢を求めようとした。邦人の南方進出は、かかる雄心壮図に刺戟されて、愈々積極的となり、朱印貿易の興隆を見るに至ったのである。

一方、本書は江戸幕府の鎖国政策を内向きなものとして、批判しています。

幕府は鎖国によって、国内の統制を確立したが、邦人の海外発展を一挙に閉鎖し、多数在外邦人をして、徒らに骨を異域に埋めさせたことは、まさに遺憾の極みというのほかはない。

大東亜共栄圏構想を掲げる当時の日本にとって、アジア全体の平和を考えることこそが皇国の使命であるのに、一国平和主義的な鎖国政策に閉塞したことについては否定的にならざるを得なかったのです。

江戸時代

本書では、江戸時代における、徳川将軍家と皇室の関わりの一例として、以下のような記述があります。

綱吉は朝廷尊崇の念に篤く、又、頗る学問を愛好したので、京都との関係も円満となり、文運もまた興隆し、世に元禄時代と称せられる盛時を現出したが、晩年に到って生類憐みの令を発して国民に非常な苦痛を与えた。

江戸時代も、わが国は皇統断絶の危機にありました。後桃園天皇が崩御した際、直系男子が絶えましたが、この時は傍系の閑院宮家から兼仁王が迎えられ、光格天皇となりました。この血統は、今上天皇まで続きます。

江戸前期には、「親王」を名乗ることを許された宮家（親王家）は伏見宮・桂宮（八条宮）・有栖川宮しかなく、皇統の存続が危ぶまれました。新井白石は、将軍家の永続を望むのならば、皇室の繁栄をこそ図るべきだと進言し、幕府はその進言を容れて、一七一〇年、一万石を献上して新しい閑院宮家を創設しました。

実際に、その七十年後、直系男子が途絶え、一七八〇年、閑院宮家から光格天皇が即位し、皇統を継続させることができました。

家宣・家継の時代は、新井白石が政務に参与して政治の改革に当り、閑院宮家の御創立に力を致し、朝鮮来聘使の待遇問題に力を尽くした。

幕末、対外危機が迫る状況において、当時の孝明天皇の胸中について記述されています。

畏くも孝明天皇は、この間外交にいたく宸襟を悩まし給い、正睦に対しては、国家の安危に係わる重大事であるから、更に諸大名の衆議も徴して奏上せよと仰せられた。ここに幕府は、進退に窮したが、井伊直弼が大老となるや、調印の期日を延期してその間に勅許を得ようとした。

王政復古

十七世紀のイギリス市民革命でも、十八世紀のフランス革命でも、国王をはじめ、多くの特権階級が処刑されています。フランス革命では、日々の大量処刑を迅速に執行するために、ギロチンが考案されました。ヨーロッパの近代革命は血生臭い暴力が付いて回り、それは中国の易姓革命と同質のものでした。

日本の近代化である明治維新では、そのような血生臭い暴力は最小限に抑えられました。革命への穏健な姿勢が終始貫かれ、日本独自の絶妙なバランス感覚で、体制の旧弊を漸次、改変しながら、近代化が進められていきました。

日本の近代化が穏健に進められた背景として、天皇の存在が大きかったと思われます。最後の将軍徳川慶喜は自らの体面を失うことなく、政権から退きました。それは、将軍よりも格上の天皇に、それまで預かっていた政権を返上するという大政奉還の建て前を通すことができたからです。

約二百七十年間続いた江戸の将軍が薩摩・長州という辺境の家臣に屈服したという恥辱にまみれるならば、幕府勢力は死力を尽くして、革命軍と戦い、血で血を洗う陰惨な内戦に発展した可能性があります。幕府は飽くまで、大政奉還により、天皇に恭順したのです。超越的な天皇の存在が、日本の危機を救いました。

これらのことを、本書では以下のように記述しています。

朝廷は十二月に到り慶喜の請いを許し給い、同時に庶政一新のことを諭告あらせられた。実に、神武天皇肇国の御精神に基づき、天皇親政・百事創業の大精神を示し給うたもので、ここにわが国未曾有の大変革が、極めて急速且つ円滑に実現したのである。

ヨーロッパの民主革命の闘士から見れば、天皇を頂点とする明治の新生国家は、王政復古という時代逆行と映ったかもしれません。この時、新生国家を共和制とせず、立憲君主制にしたのは、維新の革命者たちの深遠な知恵でした。

首班や内閣は天皇に対して、責任を負います。そして、彼らは天皇によって、大権を与えられます。この大権の実効性を強固なものにするため、多少、天皇を神格化し過ぎたというところもあります。しかし、そのような天皇の存在が、困難な改革を実現させるのに大きな役割を果たしたのです。

大政奉還と同様に、廃藩置県は藩の小君主（藩主）たちの実権を天皇に返還させるものでした。封建諸侯である彼らが、自らの特権を手放したのは、彼らよりもずっと身分の低い足軽上がりの革命者（西郷や大久保など）が命じたからではなく、天皇の大命を仰いだからでした。武士の忠義からして、天皇の大命には逆らえず、封建時代の実質的な実力者であった彼らのほとんどは、潔く身を退いたのです。その潔い精神というものは、他国の特権階級には見られません。彼らの多くは処刑台の前に引きずり出されるまで、悪態をつき、暴言を吐きながら、抵抗しました。

明治二年〔二五二九〕六月、諸藩主の版籍奉還の願いを聴許あらせられ、ここに全国の土地・人民は悉く天皇に帰し、藩は単なる地方政治の一区画となり、旧藩主は知藩事という中央政府の任命する地方官となった。やがて四年七月に到り、廃藩置県が断行せられ、封建体制の名残りは名実共に滅んで、天皇親政のもと、新しい中央集権の政治体制が確立した。

中央政府の組織は、王政復古と同時に総裁・議定・参与の三職が置かれたが、版籍奉還の直後、神祇・太政の二官及び六省が設置された。更に注目すべき改革は、明治五年十一月渙発せられた徴兵に関する詔書であって、ここに皇軍の真の姿である国民皆兵が実現し、従来の士族の封建的特権は全く除かれた。

維新の精神は、幕府政治の遺風である独断・専制を排して、公議・輿論を重んじ、臣民翼賛の道を弘めるにあり、畏くも、五箇条の御誓文には、広く会議を興し万機公論に決すべしと仰せられた。この聖旨を奉じて、政府は漸次その準備を進め、明治六年の頃は左院をして憲法の取調べ及び編纂に従わしめた。

日本には、鎌倉幕府から江戸幕府に至るまで、将軍という世俗の権力者の上に、天皇という超越的な存在がありました。この二重権力構造が続き、国体が維持されたことが近代日本に幸いしました。日本が過激に社会秩序を崩壊させることなく、緩やかな変革を実現することができた最大の理由がここにあります。

日露戦争

日清戦争後、日本が遼東半島を獲得したことに対して、ロシア、フランス、ドイツが強く反発し、日本に、遼東半島を放棄するよう勧告しました（一八九五年の三国干渉）。日本は、日清戦争において多くの損害を被りながら獲得した遼東半島を失うことに抵抗が多かったのですが、当時の日本には、三国と戦うだけの国力はなく、やむを得ずに勧告に従って遼東半島を返還しました。

この外交的な敗北を、日本人全体が屈辱とし、「臥薪嘗胆」のスローガンのもと、富国強兵がなされていきます。この三国干渉の横暴について、天皇が国民を慰撫し、大局についての訓示を特段に示されたことが記されています。

天皇は四月二十一日平和克復の大詔を発し給うた。然るに、二十三日、露・独・仏の三国は、わが国が遼東半島を領有することは、東洋の平和に害があるとて、その放棄を勧告して来た。わが国は熟慮の結果、遂に三国の勧告を容れることに決し、五月これを三国に通告し、天皇は特に詔勅を下して、国民の深く時勢の大局を察し、邦家の大計を誤ることなかれと諭し給うた。

国民は聖旨を畏み、臥薪嘗胆の合言葉のもとに国力の充実を固く心に誓った。十二月、遼東半島を清国に還付し、その代償として銀三十万テールを収めた。

以後、ロシアなどの列強の東進を食い止めることが、北東アジアの安定に寄与するという方針のもと、日本は力を蓄えていきます。遂には、日露戦争で我が国は勝利し、不平等条約や領事裁判権の撤廃などの成果を収め、同時に、アジア諸国の近代化を促すことになります。

わが国は平和のうちに時局を解決しようと図り、ロシアと交渉すること半歳に亙ったが、かれは毫も交譲の精神なく、時局の解決を遷延しつつ盛んに武備を増強した。三十七年二月、遂に日露の国交は断絶し、二月十日ロシアに対し宣戦の大詔が渙発された。

韓国併合

一九一〇年、韓国併合条約が調印され、大日本帝国は朝鮮を併合しました。よく、現在の教科書などに記載されている、「武力を用いて朝鮮を併合した」などというようなことは一切ありませんでした。日本の朝鮮統治は合法的にはじまり、日韓合邦も朝鮮側（当時は大韓帝国）の要望によって、なされたものです。

「我が国の皇帝陛下（当時の大韓帝国の李氏朝鮮皇帝のこと）と大日本帝国天皇陛下に懇願し、朝鮮人も日本人と同じ一等国民の待遇を享受して、政府と社会を発展させようではないか」

これは朝鮮の政治団体の一進会が「韓日合邦を要求する声明書」（一九〇九年）において、述べた一節です。一進会はこの声明書の中で、「日本は日清戦争・日露戦争で莫大な費用と多数の人命を費やし、韓国を独立させてくれた」と述べています。

当時の朝鮮では、無為無策の朝鮮王朝を見限って、日本に朝鮮の統治を託そうとした親日保守派が少なからずいました。朝鮮の内閣閣僚も、李完用首相をはじめとする親日派で占められており、日本の朝鮮併合を望んでいました。

ここに於いて韓国の一進会員は韓国の前途を憂えて、日韓合邦を韓廷及びわが統監府に上言したので、わが国も日韓両国の福祉増進と東洋平和確保のために、その必要を認め、四十三年、陸軍大臣寺内正毅が統監を兼任するに及んで、韓国政府と協議し、八月併合条約を締結した。韓国を朝鮮と改め、新たに朝鮮総督府を置き、総督をして軍務・政務を統轄せしめ、漸次統治の諸制度を整備すると共に、殖産興業に力を注ぎ、一視同仁の皇化を半島の民に及すこととなった。

本書でも、「一進会員」の併合への要望があったことが記されています。

日本は元々、朝鮮の併合には慎重でした。韓国統監であった伊藤博文は「日本は韓国を合併するの必要なし。合併は甚だ厄介なり」と述べていました。朝鮮を併合してしまえば、日本が朝鮮王朝を終わらせることになってしまい、朝鮮人の反発を買うと懸念していました。朝鮮の親日保守派は自分たちで、朝鮮王朝の息の根を止めようとせず、日本に、その汚れ役をさせようとしていました。伊藤はその狡猾さを見抜いていました。

また、朝鮮のような貧しく荒廃した国を併合したところで、日本には何の利益もなく、統治に要するコストが嵩《かさ》むばかりであることは目に見えていました。

それでも、ロシアの南下に備え、極東地域における日本の安全を保障する上で、朝鮮併合は避けられないとする日本側の意見も日増しに強くなり、伊藤も併合に反対できなくなっていました。

大東亜戦争へと向かう国際関係

第一世界大戦後、ヴェルサイユ条約によってつくられた国際体制は、ヴェルサイユ体制と呼ばれました。このヴェルサイユ体制を支える組織として、国際連盟などが設立されますが、アメリカが参加できなかったことなど、十分な役割を果たすことができませんでした。

そのため、アメリカは中国大陸・太平洋方面で、日本の伸張に対抗し、外交的な復権を果たすべく、ワシントン会議を開催し、ワシントン体制という外交の枠組みを新たに構築しました。言わば、日本のアジアにおける影響力排除という思惑で、欧米は利害を一致させ、一方的に日本を追い込んでいきます。

その欧米の傲慢が本書では告発されています。

ベルサイユ条約によって作られたいわゆるベルサイユ体制は、実は英・米の世界制覇の野望を達成する手段としての秩序に過ぎなかった。大戦の結果、英国は更に領土を拡大したので、益々勢力を加えた観があるが、既に老衰の兆が現れて、種々の問題に悩まされるようになった。米国は後れて参戦したので犠牲が少く、却って債権国として国際間に発言権を大にした。しかもかれは、みずから提唱した国際連盟にすら加らず、汎米主義のもとに両米洲をその傘下に置き、進んで英国と相提携して東亜に対する飽くなき支配欲をほしいままにし、更にヨーロッパのことにも容喙して、まさに国際間の驕児となった。

〔中略〕

わが国と米国とは、明治三十七、八年戦役以前は表面親善の関係にあった。然るに、太平洋を隔てて相対する両国は、各々急速な発展を遂げ、米国の東亜に対する支配の増長するに従って、おのずから相対立する関係になった。

ワシントン会議で、最初に、太平洋問題に関する合意が形成されます。太平洋上の領土と権益の相互尊重と現状維持を約し、一九二一年、四カ国条約がアメリカ、イギリス、日本、フランスの間で結ばれます。また、四カ国条約の成立によって日英同盟は自動的に解消しました。

また、アメリカ、イギリス、日本、フランス、イタリア、中国、オランダ、ベルギー、ポルトガルの九カ国が中国の主権、独立及び領土保全の尊重、中国における門戸開放・機会均等を約し、九カ国条約を締結しました。

これらの動きに関し、日本は欧米の身勝手さをよく承知しながらも、「東亜の平和のため」、協調したことが記されています。

なお、米英の東亜侵略のために都合のわるい日英同盟は廃棄された。又この時、中華民国に関する九箇国条約が結ばれて、わが国もこれに加り、互に中華民国の主権と領土とを尊重し、その健全な発達を援助することを約し、この国に於ける各国の商業上の機会均等を認めた。なおわが国はこの時、膠州湾を中華民国に還付することを約した。わが国は、世界特に東亜の平和のため、不利を忍んで右のような多くの譲歩をなしたのである。

民族問題

本書では、民族問題についても、触れています。アメリカのクーリッジ政権下で制定された一九二四年の移民法は人種差別的な背景が色濃く反映されています。

日米関係を悪化せしめたものの一つは移民問題である。ハワイ及び米本土の開発にわが移民の寄与したことは甚大であるが、わが国勢の発展と、わが移民の優秀にして勤勉なのに脅威を感じた米国は、明治三十九年より不法にもわが移民の排斥を執拗に繰り返したのである。これに対して、わが国は隠忍自重し、外交交渉によって円満に解決しようと努力したにも拘らず、遂に関東大震災の翌年大正十三年七月、米国は新移民法を実施し、明らかにわが国民に対して差別待遇をなすに至った。

この移民法は日本人や中国人などのアジア人、東欧人や南欧人の移民を禁止・制限することを目的とする移民・帰化法の改正でした。移民法成立に、大きな影響を与えたのが弁護士で保守主義者のマディソン・グラントでした。

当時、グラントの人種主義的見解を示した著書『偉大な人種の消滅（The Passing of the Great Race）』が話題となっていました。北方ヨーロッパの白人人種こそが人類文明のほぼすべてを築いた偉大な人種であると説かれています。この本は後に、ヒトラーによって「ナチスの聖書」と賞賛されました。

グラントはアメリカ政府の移民政策アドバイザーとして招かれ、適切な移民規制計画がなければ、アメリカは破滅すると訴えました。グラントのこうした主張はクーリッジ大統領や保守議員らに歓迎されました。クーリッジはグラントに同調し、「人種の混血は自然の摂理に反する」と公言しています。

グラントの主張をほぼ完全に取り入れる形で、法改正案が取りまとめられて、一九二四年の移民法となります。この移民法は、我が国では「排日移民法」とも呼ばれます。前述のように、日本人移民のみを排除した改正法ではありませんが、当時、カリフォルニアを中心に日本人移民が急増していたこともあり、規制が日本人を主なターゲットにしていたからです。

世界人口で、アジア人などの黄色人種の人口が圧倒的に多く、少数派の白人は黄色人種を警戒しなければなりませんでした。移民法制定などに見られるように、黄色人種脅威論が展開され、黄禍論という民族差別主義が欧米社会で広まりました。

日本は欧米列強の白人優位主義に対し、人種差別反対の立場をとっていました。第一次世界大戦後のパリ講和会議で、日本は人種差別撤廃の条項を盛り込むように提案しました。このような人種差別撤廃の条項を定めるよう求めたのは史上初めてのことでした。しかし、イギリスなどが拒否し、実現しませんでした。

大東亜戦争

戦前の日本は大東亜共栄圏の構築のため、アジアの民族と如何に協調していくかを考えていたことが本書では強調されます。欧米的な植民地搾取の発想とはまったく異なる協調のための思想、日本人によるアジア人全体の共存共栄の理想が説かれています。

それは我々が自虐史観教育で習う「日本人はアジア人に悪いことばかりした」ということとは異

なるものであり、他国民、他民族に対しての気遣いのようなものさえ、うかがわせます。対立していた中国についても、悪いのは欧米であり、彼らが背後で操り、アジア人の民族協調を妨害していると書かれています。

わが国は努めて支那の内紛に介入せず、専ら経済的提携によって共存共栄を図り、民国の健全な成育を期待した。然るに、国民政府・軍閥らはわが真意を解せず、みだりに排日運動を激化せしめるに至ったのは、主として米・英の使嗾・煽動によるのである。

〔中略〕

東亜の安定勢力たるわが国は、かれらにとって唯一の強敵であったから、米・英は提携して排日を煽動し、わが国を苦しめようとしたのである。それ故、日支関係の推移を考察する場合、表面の相手は支那であるが、覆面の敵は米英であることを明らかに認識しなければならない。

本書は当時の日本人がどのように大東亜共栄圏を考えていたかを偽りなく示しています。現在、歴史教育の現場で、「大東亜戦争」という語句を使用してはいけないと、指導要領が定めています。「太平洋戦争」と言わねばならないのですが、「太平洋戦争」と「大東亜戦争」は異なるものです。日本は太平洋で、アメリカとだけ戦ったのではなく、大陸では中国国民党や共産党、ソ連とも戦い、東南アジアで、イギリスの圧政に苦しんだミャンマーやマレーを解放するため、イギリス軍とも戦いました。

「第二次世界大戦」と表現するようにも指導されますが、これでは、一九三七年からはじまった日中戦争（シナ事変）も入らなくなってしまいます。

「大東亜戦争」は「大東亜戦争」と言う以外に、他に表現のしようがありません。「大東亜戦争」という表現が「大東亜共栄圏」を連想させ、先の戦争において、日本がアジア諸国と協力し、欧米を排した新秩序を目指した高邁なる理想と目的が浮かび上がってしまうことになります。それを防ぐため、戦後、一貫して、アメリカをはじめとする連合国、そしてＧＨＱはこの名称を使わせなかったのです。

今次の対米・英戦争は、支那事変をも含めて大東亜戦争と呼称する。その意味は、わが国の自存自衛を全うすると共に、大東亜新秩序の建設を目的とする戦だからである。大御稜威のもと、皇軍の戦果は相次いで揚り、軍政もまた順調に進んで、大東亜諸国家・諸民族の大東亜新秩序建設に対する熱意は燃え立った。

先人の気概溢れる表現に、改めて、頭が下がります。

日本建国

最後に、日本建国について、触れておきます。本書では、西暦表記ではなく、皇紀で年号が示されています。

『日本書紀』によると、初代天皇の神武天皇の即位日が紀元前六六〇年一月一日（旧暦）とされます。初代天皇の神武天皇が即位した時が日本国のはじまり、つまり、皇紀元年です。

本書でも、神武天皇に関して、「辛酉の年の春正月の庚辰の朔に、天皇は橿原宮にて即位、この年を天皇元年とする」と日本書紀の一文が記されています。この「辛酉の年の春正月の庚辰の朔」が旧暦の紀元前六六〇年一月一日にあたるとされているのです。

『日本書紀』に記された歴代天皇の即位や崩御の年により、天皇の在位年数がわかり、逆算していくと、神武天皇が即位した「辛酉の年」が紀元前六六〇年ということもわかるのです。ここから、紀元前六六〇年を皇紀元年とする日本固有の暦が生まれます。

世界史で、紀元前六六〇年頃というと、ギリシアでアテネなどの都市国家が勃興した時代であり、中国では、斉の桓公《かんこう》が活躍した春秋時代で、世界各地の古代史が胎動する激動の時期でした。しかし、神武天皇が即位したとされる時が本当に紀元前六六〇年であったかどうかは多くの議論のあるところです。

『日本書紀』によると、初期の天皇は平均で七十年ほど在位したことになり、極めて長寿で百歳くらいまで生きたことになります。この時代の平均寿命は三十歳くらいと言われますが、超長寿の天皇が歴代続くということは不自然です。

古代日本では、耕作の可能な春から秋までを一年とカウントし、耕作できない秋から春までを一年とカウントする春秋暦を使っていたことが中国の史書からわかっています。『三国志』の「魏志倭人伝」における裴松之《はいしょうし》の注釈で、日本の暦に関し、「ただ春に耕し、秋に収穫したことを計算して年紀（年数）と為す」と記され、春秋暦を使用していたことをうかがわせます。

一年を二年とする年数を使用していたことを想定し、計算をやり直す必要があります。『日本書紀』では、推古天皇以降の歴代天皇についての生没年は実年を当てているとされているため、そこから遡って、春秋暦を実年で計算すると、神武天皇の即位は紀元前三十六年となります。この年代は一つの妥当な線ではないかと考えられます（他にも諸説の年代あり）。

中国の史書『宋書』には、五世紀に倭の五王が来訪したことが記されています。神武天皇の在位を紀元前一世紀頃とした場合、五世紀の倭の五王の時期にうまく繋がるかどうかが一つの判断の基準となります。

五王は讃・珍・済・興・武であり、彼らがどの天皇に該当するかについては諸説ありますが、有力な説の一つとして、讃は応神天皇、武は雄略天皇を指すと見られています。『宋書』によると、四二五年に讃、四三八年に珍、四四三年と四五一年に済、四六二年に興、四七八年に武がそれぞれ宋に来訪したと記されています。

讃を応神天皇とした場合、それ以前の紀元前一世紀から五世紀前半の時代のほとんどの天皇の在位年数は二十年～三十年になります。この在位年数はおおよそ妥当であり、自然に前後の天皇の在位期間に繋がります。応神天皇以降の代へも無理なく繋がっていきます。

一方、『日本書紀』や『古事記』を典拠とする神武天皇からの十数代の初期天皇の実在を疑う見方もあります。天皇として実在したのは第十代崇神天皇から、または応神天皇から、あるいは、それよりももっと後の時代の天皇とする説があります。ただ、初期天皇の生没年や在位年数について、正確なことがわからないとしても、その存在自体を否定することはできません。

『日本書紀』や『古事記』を単なる神話と見なし、それらは史実と異なるため、学校の歴史教育で神武天皇の建国などを教えてはいけないとする主張がメディアや教育界にあります。『日本書紀』や『古事記』は歴史として残された貴重な文脈（context）であり、真実か虚構かという問題を超えて、それらと向き合わねば、我々は日本人としての根源を失ってしまいます。

天皇と日本の歴史の本源的意味を学ばせるような学校教育が必要であることを、本書をはじめとする戦前の教科書は教えます。我々の父祖は天皇とともに、歴史を歩んできました。先人たちに思いを馳せながら、その歩みを一層、輝かせたいものです。

解説者　宇山 卓栄（うやま　たくえい）

1975年、大阪生まれ。慶應義塾大学経済学部卒業。代々木ゼミナール世界史科講師を務め、著作家。テレビ、ラジオ、 雑誌、ネットなど各メディアで、時事問題を歴史の視点でわかりやすく解説。『日本人が知らない！世界史の原理』、『日本人が知らない！「文明の衝突」が生み出す世界史』（茂木誠氏との共著、ビジネス社）、『大アジア史』（講談社）、『世界「民族」全史』、『「民族」で読み解く世界史』、『「王室」で読み解く世界史』、『「宗教」で読み解く世界史』（以上、日本実業出版社）、『経済で読み解く世界史』、『朝鮮属国史―中国が支配した2000年』（以上、扶桑社）など。

（略名）歷史皇國

昭和二十年二月一日印刷
昭和二十年二月五日發行

歷史 皇國篇

定價金七十錢

著作兼發行者 東京都神田區岩本町三番地
中等學校教科書株式會社
代表者 山本慶治

印刷者 東京都牛込區市谷加賀町一丁目十二番地
大日本印刷株式會社
代表者 佐久間長吉郎

配給元 東京都神田區淡路町二丁目九番地
日本出版配給統制株式會社

發行所 東京都神田區岩本町三番地
中等學校教科書株式會社
日本出版會會員番號一〇一〇六

『歴史 皇国篇』について

中等学校用検定教科書『歴史 皇国篇』は、皇国史観に基づいた日本の国史教育の集大成であり、中学校、高等女学校、実業学校、青年学校での使用が予定されていた。その内容は『初等科国史』の知識を前提としており、できるだけ重複を避けた内容となっている。国民学校の『高等科国史』と比べてもその6割程度のページ数しかないが、簡潔でテンポのよい記述となっており、日本の歴史の流れを俯瞰しやすい内容になっている。

本書は昭和20年2月に見本が作成されたものの、その年の4月、学徒勤労総動員による授業停止、そして8月の終戦により、その役割を果たすことなく消えていくことになる。終戦直後、日本に上陸したＧＨＱ（連合国軍総司令部）は日本の“軍国主義的教育”を一掃する方針を打ち出し、「修身」「国史」「地理」の授業停止と教科書回収を命じた。文部省が全国の自治体に通達した回収指示リストでは、本教科書も確認できる。

本書には、日本人であれば知っておかなければならない国史の流れが記述されているが、そこには、なぜ日本が米国と戦うに至ったか、という重要なテーマも含まれている。本書は、戦後の日本人が学校教育で植え付けられ、定着しているＧＨＱ由来の歴史観とは大きく異なるものであることを、読者は実感するだろう。

編集協力：和中光次

[復刻版] 歴史 皇国篇

令和7年 5 月 5 日　　第1刷発行

著　者　　中等学校教科書株式会社
発行者　　日高 裕明
発　行　　株式会社ハート出版

〒171-0014 東京都豊島区池袋 3-9-23
TEL03-3590-6077 FAX03-3590-6078
ハート出版ホームページ https://www.810.co.jp

Printed in Japan ISBN978-4-8024-0238-5 C 0021
印刷・製本 モリモト印刷株式会社

ステルス侵略
中国の罠に嵌まった日本
佐々木 類 著
ISBN978-4-8024-0149-4　本体 1600 円

中国の傀儡 反日留学生
心理戦、世論戦、歴史戦に敗れ続ける日本の末路
佐々木 類 著
ISBN978-4-8024-0234-7　本体 1600 円

［現代語訳］是でも武士か
残虐宣伝の不朽の名著
J・W・ロバートソン・スコット 著　大高 未貴 解説
ISBN978-4-8024-0175-3　本体 2200 円

［新字体・現代仮名遣い版］世紀の遺書
愛しき人へ
巣鴨遺書編纂会 編　ジェイソン・モーガン 解説
ISBN978-4-8024-0185-2　本体 2500 円

［新字体・現代仮名遣い版］巣鴨日記
獄中から見た東京裁判の舞台裏
重光 葵 著　山岡 鉄秀 解説
ISBN978-4-8024-0157-9　本体 2500 円

禁断の国史
英雄 100 人で綴る教科書が隠した日本通史
宮崎 正弘 著
ISBN978-4-8024-0181-4　本体 1500 円

江戸幕府の北方防衛
いかにして武士は「日本の領土」を守ってきたのか
中村 恵子 著
ISBN978-4-8024-0132-6　本体 1800 円

ダライ・ラマの智慧
幸せな生き方　満ち足りた死に方
ダライ・ラマ十四世 テンジン・ギャツォ著、
ペマ・ギャルポ 監修、家村佳予子 翻訳
ISBN978-4-8024-0177-7　本体 1800 円

日中戦争 真逆の真相
誰が仕掛け、なぜ拡大し、どこが協力したのか？
茂木 弘道 著
ISBN978-4-8024-0174-6　本体 1500 円

反日レイシズムの狂気
ジャパンズ・ホロコーストの正体を暴く
茂木 弘道 著
ISBN978-4-8024-0236-1　本体 1500 円

普及版　アメリカ人が語る アメリカが隠しておきたい日本の歴史
マックス・フォン・シュラー 著
ISBN978-4-8024-0162-3　本体 1200 円

アメリカ人が語る 内戦で崩壊するアメリカ
普及版 アメリカ人が語る 日本人に隠しておけないアメリカの“崩壊”
マックス・フォン・シュラー 著
ISBN978-4-8024-0163-0　本体 1200 円

アメリカ人が語る 沈む超大国・アメリカの未来
マックス・フォン・シュラー 著
ISBN978-4-8024-0183-8　本体 1500 円

埼玉クルド人問題
メディアが報道しない多文化共生、移民推進の真実
石井 孝明 著
ISBN978-4-8024-0188-3　本体 1600 円

価値観の侵略から日本の子どもを守る
内なる国防は家庭にあり
近藤 倫子 著
ISBN978-4-8024-0186-9　本体 1500 円

慰安婦性奴隷説をラムザイヤー教授が完全論破
ジョン・マーク・ラムザイヤー 著　藤岡 信勝 他 訳
ISBN978-4-8024-0172-2　本体 1800 円

普及版 世界が語る**神風特別攻撃隊**

カミカゼはなぜ世界で尊敬されるのか

吉本 貞昭 著

ISBN978-4-8024-0140-1　本体 1200 円

普及版 ［復刻版］**敗走千里**

知られざる戦争ドキュメントの名著が甦る！

陳 登元 著　別院 一郎 訳

ISBN978-4-8024-0148-7　本体 1200 円

普及版 **忘却のための記録**

1945 - 46　恐怖の朝鮮半島

清水 徹 著

ISBN978-4-8024-0138-8　本体 1200 円

1945 わたしの満洲脱出記

普及版 かみかぜよ、何処に

稲毛 幸子 著

ISBN978-4-8024-0137-1　本体 1000 円

狙われた沖縄

真実の沖縄史が日本を救う

仲村 覚 著

ISBN978-4-8024-0118-0　本体 1400 円

国を守る覚悟

予備自衛官が語る 自衛隊と国防の真実

木本 あきら 著

ISBN978-4-8024-0116-6　本体 1400 円

囚われの楽園

脱北医師が見たありのままの北朝鮮

李 泰炅 著　荒木 和博 解説　川﨑 孝雄 翻訳

ISBN978-4-8024-0158-6　本体 1500 円

北朝鮮よ、兄を返せ

“特定失踪者” 実弟による手記

藤田 隆司 著

ISBN978-4-8024-0131-9　本体 1400 円

反日国家の野望・光州事件

光州事件は民主化運動か？ 北朝鮮が仕組んだ暴動なのか？

池 萬元 著　松木 國俊 監修

ISBN978-4-8024-0145-6　本体 2000 円

ウイグルを支配する新疆生産建設兵団

東トルキスタン秘史

ムカイダイス 著

ISBN978-4-8024-0160-9　本体 1600 円

在日ウイグル人が明かす**ウイグル・ジェノサイド**

東トルキスタンの真実

ムカイダイス 著

ISBN978-4-8024-0112-8　本体 1400 円

漢民族に支配された中国の本質

なぜ人口侵略・ジェノサイドが起きるのか

三浦 小太郎 著

ISBN978-4-8024-0127-2　本体 1400 円

白人侵略 最後の獲物は日本

なぜ征服されなかったのか 一気に読める 500 年通史

三谷 郁也 著

ISBN978-4-8024-0129-6　本体 1800 円

ルーズベルトの戦争犯罪

普及版 ルーズベルトは米国民を裏切り日本を戦争に引きずり込んだ

青柳 武彦 著

ISBN978-4-8024-0180-7　本体 1200 円

WGIP 日本人を狂わせた洗脳工作

今なおはびこる GHQ の罠

関野 通夫 著

ISBN978-4-8024-0134-0　本体 1000 円

日本よ、歴とした独立国になれ！

アメリカの戦勝国史観から脱却する時は令和（いま）

山下 英次 著

ISBN978-4-8024-0164-7　本体 1800 円